中公新書 2490

竹中 亨著

ヴィルヘルム2世

ドイツ帝国と命運を共にした「国民皇帝」

中央公論新社刊

まえがき

一九一四年八月一日夕刻、ベルリン。市の中心部にある王宮前の広場は群衆に埋めつくされていた。集まった人々は、張りつめた空気のなか、運命が音をたてて時を刻むのに耳をそばだてていた。ここ一ヵ月あまり、ヨーロッパの情勢は日に日に緊迫の度を増す一方だった。そしてついにこの日の午後、ドイツでは総動員令が発せられたのである。戦争であった。

人々が息をのんで注視するなか、二階のバルコニーに現れたのはドイツ皇帝にしてプロイセン国王たるヴィルヘルム2世（一八五九～一九四一）であった。彼は群衆にむかっておもむろに語りだした。いわく、ドイツはこれまでひたすらヨーロッパの平和を希求してきた。だが、その願いは結局、よこしまな近隣諸国のいれるところではなかった。事ここにいたっては、もはや正義の剣に訴えるしかない、と。

来たるべき大戦争を勝ちぬくためには、団結が不可欠である。ヴィルヘルム2世は群衆に呼びかける。「朕《ちん》は今、党派、宗派のあるを知らぬ。今日、われらはなべてドイツの同胞《はらから》なり」。これを聞くや、広場は皇帝万歳、祖国万歳の割れんばかりの喚呼に揺れた。ときにヴィルヘルム2世は五五歳。即位してからの二六年間、つねに国民からの敬慕を追いもとめてきた彼にとって、これはまちがいなく生涯の頂点となる一瞬であった。

——一九一八年一一月一〇日早朝、アイスデン。ドイツとの国境にほど近いオランダのこの小村に、ドイツからやってきた二台の車が停《と》まった。降りたったのはヴィルヘルム2世であった。オランダに入ったことを確かめると、安堵《あんど》した彼はタバコに火を点《つ》け、その後ややあって側近に一杯の紅茶を所望した。晩秋の朝の冷気のなかで飲む熱い紅茶は、身体《からだ》にしみわたったろう。しかし同時に、その紅茶は彼にはこのうえなく苦く感じられたはずである。

ヴィルヘルム2世は逃避行の途上であった。ほんの数日前、キール軍港での水兵の反乱に端を発した蜂起《ほうき》は、またたく間にドイツ全土に拡大した。ドイツ革命である。ベルリンでも君主制は転覆し、政治秩序は完全に崩壊した。それまでベルギー北部の大本営に滞在していたヴィルヘルム2世は帰るべき場所を失った。

彼はすでに廃位を宣言されていた。奪権された君主にどんな運命が待ち受けているか、彼の脳裡《のうり》には従弟《いとこ》にあたるロシア皇帝ニコライ2世の末路がよぎったはずである。ロシアでの革命勃発後、ニコライ2世が革命派兵士に捕らわれ、ついには家族ともども銃殺されたのはほんの四ヵ月前のことであった。とすれば、残された道は故国からの逃亡しかない。こうして、彼は亡命を求めて隣国オランダへ落ちのびたのである。

生涯の頂点を経験してから、この間わずか四年三ヵ月のことであった。あまりにも急な運命の転回である。この運命の急転が、何よりも第一次世界大戦によることは言をまたない。ドイツが大戦に敗北したればこその革命であり、亡命であった。どうしてドイツは敗れたのか、ヨーロッパ大陸の覇者たるはずの自分がなぜ今、敗残の身なのか、自分は何をまちがえたのか――。失意の逃避行の間、彼はくりかえし自らにこう問いつづけたに相違ない。

この問いは、それからちょうど一〇〇年経《た》った今も解き明かされてはいない。激動の二〇世紀世界の幕開けとなった世界大戦については、それこそ無数の研究がある。だが、大戦がなぜ勃発し、そしてあのような帰趨《きすう》をたどったのかについて、定まった見方はない。本書は、ヴィルヘルム2世という人物から、この問題にアプローチしようとするささやかな試みである。彼がどんな夢をもち、それをどう実現しようとしたのか、そして国破れた後、流亡の君主が何を思い、どう生きたのかを追ってみたい。

第一次世界大戦の発生は複合的な原因によるものだったから、ヴィルヘルム2世一人で説明のつくものではないことはむろん承知している。また、皇帝が当時のドイツ政治でどんな役割を果たしたかについても、研究者の間で意見が分かれるのも事実である。だが、彼が大戦勃発のキーパーソンであったことに異論の余地はない。

本書は評伝である。ヴィルヘルム2世という人物の個性に焦点を置き、そこから歴史を見つめようとする。もちろん、皇帝は憲法に定められた国制上の一機関であり、ヴィルヘルムは、宰相、閣僚や議会などとの関係のなかで立憲君主としての役割を果たした。だから、そうした当時のドイツ政治全体への目配りは当然、必要である。しかし、筆者としてはそれ以上に、君主に認められた職分の枠内で、この強烈な個性の人物がどのように歴史を形づくったのか、あるいは逆に歴史に形づくられたのかに関心がある。

実際、ヴィルヘルム2世は人間としてきわめて興味深い。彼には固定的なイメージがある。何よりもあの髭《ひげ》である。威厳を自己主張するかのごとく、ピンと両端を撥《は》ねあげた髭は、彼の異名「カイゼル」(ドイツ語で「皇帝」を意味する名詞だが、しばしば固有名詞扱いされてヴィルヘルム2世を指した)にちなんで「カイゼル髭」と称された。そこから彼の人物像を連想する向きは多い。すなわち、封建的権威を振りかざし、尚武的な男性像を奉じ、ドイツ至上主義に凝り固まった排外主義者、という像である。

しかし実は、こうしたイメージは彼の一面をなすにすぎない。実際のヴィルヘルム2世は、はるかに多面的で矛盾に満ちた人物であった。詳しくは本書の以下の論述に譲るが、彼の実像が固定的なイメージとあまりに食い違っていることに、唖然《あぜん》とする読者は少なくないはずである。

歴史のなかで個人がいかなる役割を果たすのかは、古来より議論がある。しかし、ヴィルヘルム2世に関するかぎり、その特異な個性が彼個人とドイツの運命を大きく左右したことはまちがいない。では、彼はいかにして「敗北の皇帝」への道をたどったのだろうか。

目次

ヴィルヘルム2世

第一章　二人のヴィルヘルム

ヴィルヘルム２世、16歳（1875年）

武人「カイゼル」

ヴィルヘルム2世には従来、武張《ぶば》ったことを好む、筋金入りの硬派という通念的なイメージがある。カイゼル髭については先にふれたが、彼の肖像写真などもそうである。彼は自分を撮影させることを好んだ——そのために専属の写真師をお抱えにしていたくらいである——ため、彼の写真はそれこそ数えきれないくらい存在する。ただ、平服姿の彼を捉えたものは、晩年の亡命時代のものを除くと数が少ない。ほとんどが軍服姿である。

ヴィルヘルムは実際、軍服をおおいに好んだ。それだけでなく、大のコレクターでもあった。国内の諸連隊の軍服を取りそろえたほか、イギリスなど諸外国から儀礼として贈呈された軍服まで、その数なんと三〇〇着を超えた。それを、行事や謁見相手に合わせてとっかえひっかえまとったわけである。場合によっては、一日に何度も着がえたこともあったという。そのため、いつでも彼の要望に応えられるようにと、王宮にはキャスター付きの軍服箪笥《だんす》まで用意されていた。情熱が昂《こう》じて、自ら軍服のデザインに手を染めたことすらある。

嗜好《しこう》も武人的であった。若い王子時代にポツダムの近衛兵《このえへい》連隊で軍務に服して以来、彼は軍人生活がお気に入りであった。軍人と語らうのが好きで、側近にも好んで将校を登用した。

日常生活面でも、毎朝七時に起床すると、二時間は乗馬するのが日課であった。食事についても、キャビアなどグルメを嫌い、むしろ兵舎で供されるような目玉焼き、ジャガイモ炒《いた》めなど簡素な食事を好んだ。

面白いのは、ベルリン王宮の執務室にあった彼の椅子である。普通の椅子ではなく、座面が馬の鞍《くら》の形をしている。彼はこの上にまたがって書類の決裁などをしたわけである。この特注椅子を彼は晩年の亡命先にまでもっていったのだから、よほど気に入っていたのだろう。

言動の面でも、武断的な印象が強かった。君主という地位のせいでもあろうが、いったん話し出すと相手にかまわず一方的にしゃべり続け、また物事をきめつける体《てい》の断言口調がつねであった。臣下を叱責《しっせき》するときなど、厳格をきわめた。皇帝に厳しく難詰されると、高級将校クラスの軍人ですらも目に涙を浮かべたという。

軍人的嗜好は言葉づかいにもおよんだ。兵士的な隠語や「男っぽい」野卑な表現を好んだのである。外務省のある官僚が、イギリスとの関係悪化を懸念して、皇帝の外交方針に異論を挿《はさ》んだときのことである。逆上したヴィルヘルム2世は彼を頭ごなしにこきおろした。いわく、「君には言っておきたいのだが、君ら外交官はビビってお漏らしをするものだから、外務省はどこも臭くってたまらない」。ロイヤル・ファミリー然とした上品さやお行儀とは無縁の観がある。

ヴィルヘルム２世の肖像画（マックス・コーナー作、1891年、部分）

その彼だから、政治の面でも自国の軍事的発展に腐心したのは当然である。よく知られているのは海軍建設である。もともとプロイセンは陸軍国で、海軍などないに等しかったのを、彼の治世下でドイツは艦隊建設に邁進《まいしん》し、ついには大英帝国の向こうを張る海軍を擁するまでにいたった。

こうしたヴィルヘルム２世の自己イメージをもっともよく物語るのが、上の肖像画である。右手に王笏《おうしゃく》をもち、左手に剣の柄《つか》を握りしめ、胸を張ってあたりを睥睨《へいげい》する様子は、自己の権威と権力を押しつけがましいまでに誇示せんとするように見える。武人としての自己愛は、ほとんど誇大妄想的な域に達していたといってよい。

「女性的」な皇帝

幼いヴィルヘルム2世が玩具《おもちゃ》と遊んでいる写真が残っている。木馬にマントを着て、何やら誇らしげな表情をしている。もう一枚では、一メートルはあろうかという大きな玩具の船に乗せてもらってご満悦の体である。先述のような乗馬への執心を考えれば、あるいはまた、後に彼が「艦隊皇帝」の異名を奉られるほど海軍建設に熱中したことを考えるなら、さすが三つ子の魂百まで、と言いたくなる。

ただ実は、そう即断するのはいささか単純にすぎる。というのは、ヴィルヘルムは、外見ではたしかに武断派の顔をもっていた。しかし、本性では必ずしも「男性的」タイプではなかったのである。

ヴァルター・ラーテナウといえば、帝政期からワイマール期にかけて大企業経営者、文筆家、政治家として活躍した人物である。彼は一九〇一年にヴィルヘルム2世の面識を得るが、その初対面の印象を次のように書き残している。まず外観である。ラーテナウの目に映ったのは、「優しげな肌、柔らかな髪、小さな白い歯」という容貌《ようぼう》に「青年の面影」を強く残す人物であった。何より目立ったのは、その所作である。すなわち、「人目を気にし、絶え間なく自らの本性を抑えつけて威厳、力、安定を装うよう努めて」いるのがありありとうかがえたという。

この年、ヴィルヘルム2世は四二歳、しかも在位すでに一三年を数えていた。人間としても君主としても円熟の境地のはずで、思春期の少年のごとく、不安定な自意識と格闘するような年ではない。

彼の本性を見通していたのはラーテナウだけではなかった。いったい、ヴィルヘルム2世は一握りの気心の知れた腹心、側近に頼る傾向が強かった。人事や政策面で彼らを重用するばかりか、つねに身辺に置き、休暇のヨット旅行や狩猟までもともにすることがしばしばだった。ところで、その側近連は、陰では主君ヴィルヘルムのことを「僕《リープ》ちゃん《ヒェン》」とよんでいた。

つねに皇帝の身辺にあって、ヴィルヘルム2世という人間の表も裏も知りつくしていた彼らである。公的な場面では威厳と自信に満ちあふれるかに見える主君が、実は柔弱で依存心の強いタイプだということを見透かしていたのである。女性の側から見ても、同じ印象であった。ベルリンの宮廷でヴィルヘルムに近侍《きんじ》したある貴族女官は、彼は恨みがましいところが強いなど、「女性的」な性格の持ち主だと記している。

この関連で注意をひくのは、ヴィルヘルムの側近、腹心の間には、同性愛者が少なからず認められることである。このうち、もっとも有名なのはフィリップ・フォン・オイレンブルクである。彼はヴィルヘルムの最たる寵臣《ちょうしん》で、臣下でありながら皇帝とは「君《ドゥ》」で呼びあう関係であった。表だって重要ポストにはつくことはなかったが、宮廷や政府で大きな影響力をもっていた。ところで、そのオイレンブルクの同性愛の行状は一九〇六年に雑誌に赤裸々に暴露される。あげくには、名誉毀損《きそん》だの偽証だのと、裁判沙汰《ざた》にまで発展したから、おおいに世間の耳目をひいた。当時、同性愛は道徳的、社会的に強いタブーだったから、この大スキャンダルは、ホーエンツォラーン宮廷とヴィルヘルム２世の声望を大きく傷つけた。

ヴィルヘルム自身はといえば、彼は皇后との間に七人——ついでながら、愛人との間にも少なくとも一人——の子どもをもうけている。むろん、両性愛者だったのかもしれないが、しかし確たる証拠はない。ただ、彼自身の性愛面での傾向はともかく、ヴィルヘルムが側近らの間に漂う同性愛の風潮を黙認していたことは否定できない。それは、表だったマッチョ的男性主義と隠れた「女性的」側面の間で揺れる彼の性的アイデンティティと、どこかで関連していたと想像してもよいだろう。

哀願する皇帝

彼のこうした素顔は、たいていは私生活でのことだったから、大多数の国民には知られていなかった。それに、限られた仲間うちで少々二重人格であっても実害はない。だが、あたりまえのことだが、公私に応じて人格を使い分けるなど、できるものではない。皇帝としての彼の公的行動にも、ふと隠れた素顔が現れるのは避けられなかった。

一九〇五年に、当時の宰相ベルンハルト・フォン・ビューローが辞意を表明したことがある。きっかけはいわゆるビョルケの密約である。これは、ヴィルヘルム2世がこの年の七月、ロシア皇帝ニコライ2世との間に締結した条約である。詳細は第三章で詳しく説明するが、この条約はドイツの政府部内で大きな波紋をひきおこした。条文のなかに、ベルリンの政府の方針と食いちがう内容のものが含まれていたのである。ヴィルヘルムがビューロー以下、自国の政府に了解もとらず、独断で行動したためであった。ビューローは外政の重要案件で無視されたことに強く憤り、それで辞職を求めたのである。

ヴィルヘルム2世はうろたえた。歴代の宰相のなかでも、ビューローは彼がもっとも信頼していた宰相だったのである。そこで、彼は翻意を求めてビューローに書簡を書いた。その一節を引用してみよう。

私はいつも君のためを思ってきたし、それなりのことはしてあげたと思う。それなのに、君はわずか数行、とんでもない手紙を寄こし、辞任したいなどと言うのだ。親愛なるビューロー、私がどんな精神状態にいるかを話さなくても、君はたぶんわかってくれるだろう。私の友人のなかで最良の、もっとも親密な友である君から……そんな扱いを受けたことは、……私に名状しがたい打撃を与えた。そのため、私は完全に打ちひしがれてしまい、重い神経病に陥るのでは、と恐れている。……君の友情に訴えてお願いする。もう二度と辞意などと口にしないでくれ。この手紙に、「万事承知」とだけ返事の電報をくれ。君が任に留《とど》まるとわかりさえすればよいのだ。というのも、君の正式な辞表が届いたら、私は次の朝にはもう生きてはいないつもりなのだ。どうか、私を失った後の私の妻と子供の哀れさを考えてほしい。

ひざまずかんばかりの哀願調である。いかに信を置いていたとはいえ、所詮《しょせん》ビューローは臣下である。傲岸不遜《ごうがんふそん》を絵に描いたような「カイゼル」にしては、あまりに情けない言葉ではないか。

つまり、いわば二人のヴィルヘルム2世がいたわけである。自信に満ちた剛直な彼と、もろい性格で情緒不安定な彼である。ふだんは威勢のよい、男性的な言動をほしいままにする。

ところが、いざ状況が危機的になると、その圧力で外面の人格が崩壊してしまい、もう一人のヴィルヘルムが顔を出すのである。

イギリスびいき

「男性」と「女性」の併存という以外に、ヴィルヘルム2世という人格は数多くの矛盾をはらんでいた。ある意味では、人格的矛盾こそ彼の人格の最大の特徴であった。なかでも挙げておきたいのが、イギリスへの強い愛着であった。あるいは、「ドイツ人」と「イギリス人」が彼のなかに同時に存在していたといってもよい。

読者にはさぞ奇妙に聞こえるだろう。通例、ヴィルヘルム2世は「ドイツ的なるもの」の体現者のごとく理解されている。すなわち、忠誠、義務、質素などゲルマン的徳目に貫かれたプロイセン軍国主義の代表者であり、強国として台頭しつつあるドイツの国民精神の代弁者であると。実際にも彼自身、プロイセンの伝統をつねに誇りにしていた。それに、彼の下でのドイツは、ヨーロッパ大陸の強国として発展する過程で、イギリスと激しく競うようになり、ついには第一次世界大戦で激突したわけである。

そのヴィルヘルム2世と彼のイギリスへの愛着は、どう見ても符合しない。しかし実際には、彼にとって、イギリスはドイツとならぶ母国だったのである。

まず、彼の名前である。ヴィルヘルム2世はプロイセンの王家、ホーエンツォラーン家の当主である。同家は中世南ドイツに源をもち、過去数世紀にわたってプロイセンを治めてきた。さて、彼のフルネームは、フリードリヒ・ヴィルヘルム・ヴィクトール・アルベルトという。このうち、フリードリヒとヴィルヘルムは、ホーエンツォラーン家で歴代君主の名乗りに多く見られる。七年戦争などを戦いぬいてプロイセンの興隆を現出したフリードリヒ大王（2世）はその好例である。また、彼の祖父にあたるヴィルヘルム1世は、ビスマルクとともにドイツの統一と帝国の創建をはたした。つまり、この名乗りは、ヴィルヘルム2世にプロイセンの伝統を継承し、国運を発展させる期待が込められていたことを示している。

では、後のヴィクトールとアルベルトはどこから来たのか。これは、母方の祖父母にちなんだものである。その祖父母とは、イギリス女王ヴィクトリアとその夫君アルバート公であった。ヴィルヘルム2世の母ヴィクトリア（通称ヴィッキー）は彼らの長女であり、ロンドンからプロイセン王太子フリードリヒ・ヴィルヘルム（後のドイツ皇帝フリードリヒ3世、家庭内ではいつもフリッツの通称でよばれた）のところに嫁してきたのである。

ヴィルヘルム2世の母親がイギリス人だった（したがって、彼自身ドイツとイギリスのハーフだということになる）のは意外に響くかもしれない。しかし、ヨーロッパの王家では、国境を越えた通婚は全然珍しい話ではない。外祖父のアルバート自身、ドイツ出身であった。

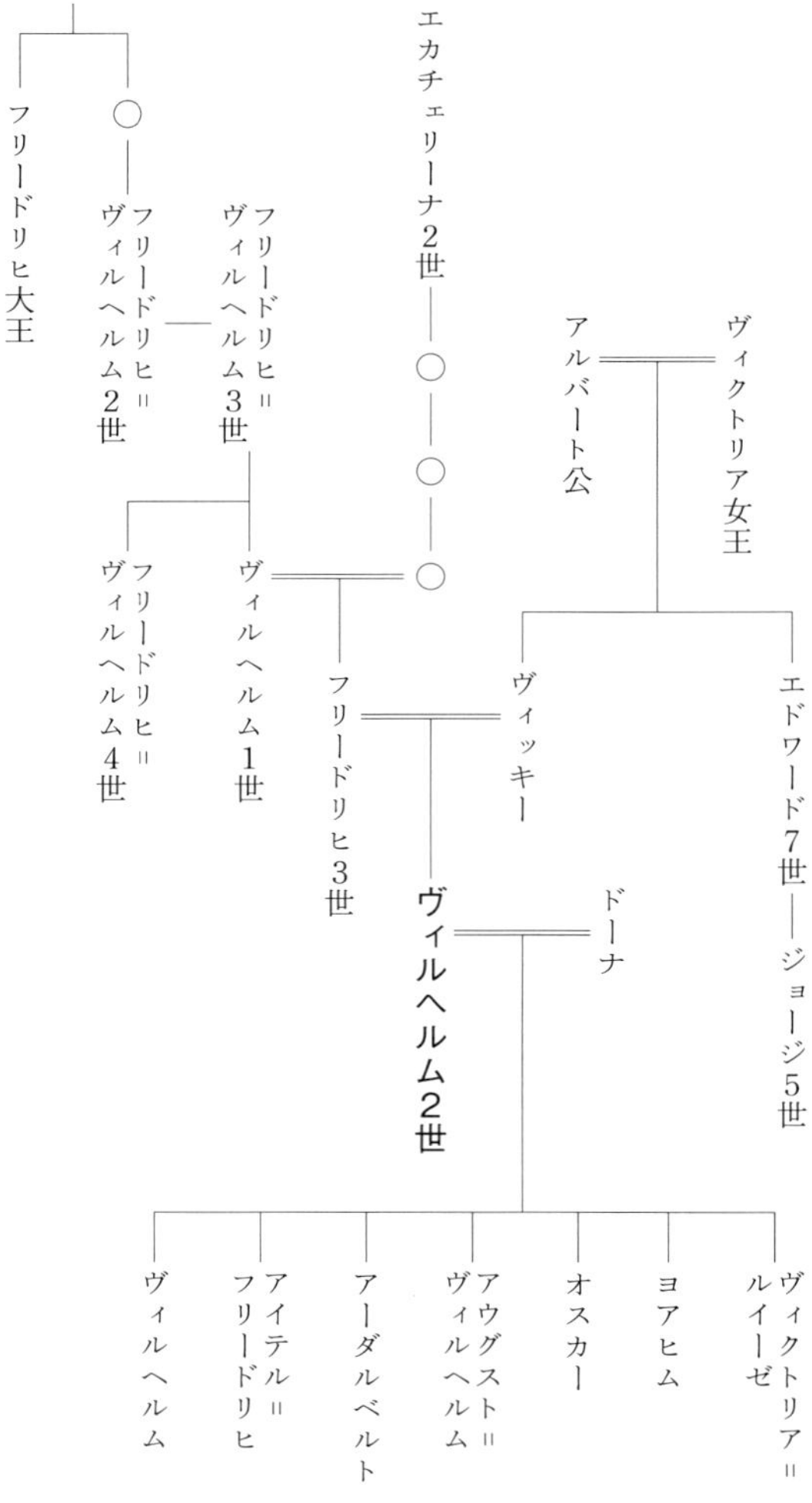
ヴィクトリア女王
アルバート公
エカチェリーナ2世
フリードリヒ＝ヴィルヘルム3世
フリードリヒ＝ヴィルヘルム2世
フリードリヒ大王
エドワード7世
ジョージ5世
ヴィッキー
フリードリヒ3世
ヴィルヘルム1世
フリードリヒ＝ヴィルヘルム4世
ドーナ
ヴィルヘルム2世
ヴィクトリア＝ルイーゼ
ヨアヒム
オスカー
アウグスト＝ヴィルヘルム
アーダルベルト
アイテル＝フリードリヒ
ヴィルヘルム

ただヴィルヘルムの場合、話はそれにとどまらなかった。彼は、母方の故郷とその文化に没入していたのである。

いくつか、それを物語る事例を挙げよう。ヴィルヘルム2世は本格的な英国風紅茶を好んだ。序章で紹介したとおり、オランダへの亡命が成功したとき、安堵した彼がまず所望したのが紅茶だったことを思い出されたい。彼はあまり読書を好まず、新聞もさほど読まなかったが、そのなかで手に取るものといえば、キプリングやトウェインなど英米系の作家や、イギリスの日刊紙だった。彼は毎夏欠かさずヨット旅行での休暇を楽しんだが、それはイギリスで建造させた船をイギリス人のスタッフに運航させてのことだった。そもそも、マリン・スポーツ自体からしてイギリス風である。内陸国プロイセンのホーエンツォラーン王家には元来、ヨットなどの趣味はなかった。

英国に赴くことも結構多かった。幼いころ、母親に連れられて里帰りすることは頻繁だったし、長じてからも折を見てしばしば訪英している。イギリス王室の別荘オズボーンハウスやバルモラル城にもしばしば滞在した。一九〇一年に祖母のヴィクトリア女王が没したとき、彼は危篤の報を得るとすぐに渡英し、そのまま葬儀が終わるまで二週間ほどもイギリスにとどまった。

「イギリス人」のドイツ皇帝

だが、単に生活習慣がイギリス好みだったというだけではない。ヴィルヘルム2世は、自分のなかにはイギリス的本質が深く根ざしていると考えていたし、しかもそれを大きな誇りにしていたのである。

たとえば寵臣のオイレンブルクに対して、彼はこう言ったことがある。「イギリスにいると、自分はほんとうにわが家にいるような気分になる。……実際、イギリスは私にとって故郷なのだ。田舎者《いなかもの》のドイツ人には、このことはむろん理解できまいが」ヴィルヘルムの脳裡では、イギリスとドイツは、洗練と野卑、開化と蒙昧《もうまい》という両極を代表していたのである。だからイギリス人たることは美徳であるとヴィルヘルム2世は考えたし、そして自らもその美質を備えていると自負していた。一種の拝英主義である。余人はいざ知らず、ドイツ皇帝としてははなはだ妙な自己認識である。当のオイレンブルクもこれを聞かされて内心、唖然とした。彼はこう記す。「ドイツ皇帝はドイツ人では全然なく、実際にはイギリス人なのだ……プロイセンにいるときにはドイツ皇帝として世を忍んでいるが、故国イギリスでは、快活に笑いながら……プロイセン的性格を投げ捨てるのだ」。

注意したいのだが、以上のヴィルヘルムの発言は一時の気まぐれではない。ヴィルヘルムは、自分の家庭での子育てをイギリス式で行おうとしたことがある。妻に反対されたためにこれは実現しなかったが、それでも長男の家庭教師にはイギリス人女性を雇った。後段で述べるが、ヴィルヘルムは幼少期ドイツ語がうまくしゃべれず、英語を話すことが多かったが、そのことを彼自身、五〇代になっても自慢していた。

第一次世界大戦後、亡命先のオランダに廃帝の取材に訪れたジャーナリストに対して、ヴィルヘルムはこう語っている。「私の性格と本性を理解するためには、貴殿は私が半分イギリス人だということを忘れてはならない。完全に大陸人のごとく思考するなど、私にはできたためしがない。私に関して誤った理解や判断がなされることが多いのも、そのゆえなのだ」すなわち、拝英心情は終生彼を去ることはなかったのである。

彼のイギリスとの妙な親和感は、血統の信念に根ざしていた。個人的な次元でいえば、自分には母親を介してイギリス王室の血が流れているという信念であり、国家的な次元では、ドイツとイギリスはゲルマン人種の国家として性格と利害を共通にしているという信念である。だから、互いに近しいのは自然、というわけである。もちろん、同じ血が流れていれば、というのは根拠のない思いこみにすぎない。しかし、こうした浅薄な生物学的、人種論的な観念を、ヴィルヘルム2世は彼特有の独断癖をもって信奉していた。

そのせいだろう、ヴィルヘルムのイギリスへの親和感は揺らぐことがなかった。たしかに、彼は青年期、母親との確執のなかで、これ見よがしに反英姿勢をとった。また後年、そのときどきの政治状況によっては、激越なイギリス攻撃を口にすることもあった。だが、根本では「イギリス人」であり続けた。大戦前夜、独英関係の険悪化とともに、政治家や軍人の間からは事態を危惧《きぐ》する声もあったが、ヴィルヘルムは平然としていた。自分ほどの英国通はおらず、したがってイギリスの出方を見あやまることはありえないと確信していたからである。

身体的ハンディキャップ

以上見てきたように、ヴィルヘルム2世という人物は実際には、一面的な割り切りでは捉えきれない複雑な人物であった。彼は、性別自己認識では男女の両極の間を漂い、文化アイデンティティの軸ではドイツとイギリスの間で引き裂かれていた。それ以外にも、彼の自己矛盾は他の多くの面におよんでいた。

このように矛盾に満ちた人格はいかにして生まれたのだろうか。そのあたりの事情を理解するには、彼の生い立《おた》ちを見る必要がある。

ヴィルヘルム2世は一八五九年一月二七日にベルリンで生まれた。すでに述べたように、父はプロイセン王国王太子であり、母はイギリス王女である。八人兄弟（但し、うち二人は夭折《ようせつ》した）の長子である。王侯の宮廷という何不自由ない環境に生まれ、しかも将来の王位が約束されていた。だれが見ても順風満帆の人生のスタートである。

しかし実際には、彼はその出発点で大きなハンディキャップを背負った。左腕の運動障害である。誕生時、彼はいわゆる逆子《さかご》で、そのためたいへんな難産であった。この時代、逆子はほとんど死産と同義である。医師は母子を救わんがため、おおいに奮闘した。その甲斐《かい》あって、半死半生の体ながら、ヴィルヘルムはこの世に生まれてきた。

だがその際、医師は少なからず無理をした。そのため、新生児の四肢に過度の負担がかかったものらしい。待望の王子の誕生に、宮廷の人びとはおおいに沸きたったが、やがてその左腕が尋常でないことに気づかざるをえなかった。右腕より数センチ短いし、手も小さい。それだけでない。意のままに動かせず、いわば肩から力なくぶらさがっている、という体なのである。

もっとも大きなショックを受けたのは母親の王太子妃ヴィッキーである。彼女は知的で活動的な女性であった。また、勝ち気な気性の持ち主で、家庭内でも夫の風上に立つことが珍しくはなかった。

さて、その彼女にしてみれば、初産《ういざん》で、加えて難儀きわまるなかを産んだわが子である。しかも、約束された洋々たる未来をもつわが子である。そのわが子が身体障害という瑕瑾《かきん》をもつなど、彼女には耐えられなかった。母としての自らの存在を否定されたかのように感じられたのである。そこで、ヴィッキーは何としてもこの障害を克服せんと決意する。かくして、少年ヴィルヘルムは大きな苦難にさらされることになった。

彼女の指示のもとで、ありとあらゆる療法が総動員されたのである。冷水浴やアルコール・マッサージ、電磁治療などは序の口であった。日常生活で左腕を使わざるをえないようにしむけるため、ヴィルヘルムの右腕を緊縛するという手も行われた。「動物浴」という、得体の知れない療法も試された。ウサギを殺し、その場で死骸のなかに当の左腕を突っこむのである。そうすれば、野生動物の生気が腕に移って活性化させるから、というのであった。

また、左右の腕のバランスの乱れから、四歳ころからヴィルヘルムは首がかしぐようになってしまった。それを矯正《きょうせい》するというので、今度は「頭部伸長器」なるものが考案された。鉄棒とベルトからできた、一種の物理療法器である。これをベルトで背中に負い、それに付けた別のベルトを頭にかけてネジ仕掛けで首を引っ張り、傾きを無理矢理矯正しようというのである。この器械でのリハビリを、ヴィルヘルム王子は毎日一時間課せられた。

ちなみに、ヴィルヘルム2世の生誕時の障害は、腕以外にもおよんでいたのではないかという説が根強くある。難産の結果、新生児の脳機能に悪影響がおよんだ、という説である。そう考えてはじめて、長じてからの彼の特異な性格や奇矯《ききょう》な言動も説明がつくのだという。

今日となっては脳に障害があったかどうかは確かめようもない。しかし、君主としての務めを結局はまっとうできたのだから、ヴィルヘルム2世の独特な性格は、つまるところ「個性」の問題だったといってよい。もっとも、「病的」と目されるほど、皇帝としての彼の言動の奇矯ぶりが目だったこともまた事実なのではあるが。

性格への影響

しかし、どの療法も功を奏さなかった。腕の麻痺《まひ》は結局、なおらなかったのである。かくして、この障害をヴィルヘルム2世は終生もちつづけることになった。左手では紙より重いものはもてない。生活の不便がいかほどだったか、容易に想像できる。早い話が、衣服を自分で着られないし、ナイフやフォークもうまく使えない。側近に着替えを手伝ってもらい、あるいは食卓の隣席で手助けしてもらわざるをえないのである。乗馬の練習も大変だった。鞍の上で左右のバランスがうまくとれないから、少年ヴィルヘルムは頻繁に落馬した。王侯の趣味たる狩猟でも、彼は特注の銃を使わなければならなかった。

身体障害を負ったことで、彼の性格はどう影響を受けたのだろうか。さほど重視すべきでないという論者がいるのは事実である。たしかに、あれやこれやの不便があったとはいえ、君主としての職務に障《さわ》るようなものではなかった。実際、彼は障害をさほど気にはしなかったように見えなくもない。乗馬にも狩猟にも、彼は後年、不自由をも顧みず多大の情熱を傾けたし、テニスも大好きであった。

しかしやはり、心の奥底で自己への肯定感が深く傷ついていたことはまちがいないだろう。その証拠に、ヴィルヘルムは生涯にわたって人前では左腕を隠す習慣があった。彼の肖像写真にもそれがうかがえる。彼の写真は多数あるが、たいてい右肩を前につき出すようにし、左手を身体の後ろにもってくるポーズをしている。

そして、傷ついた自我を補償すべく自己愛が膨張した、ということもおおいに考えられる。ヴィルヘルムはいったい傲慢《ごうまん》で我意が強く、他人からの忠言や批判には過敏に反応する傾向があった。自分の言動が受けいれられないとなると、とたんに不機嫌になり、ときには激怒する。自己愛が膨張した分、傷つきやすかったためだろう。

さらに重大な影響は、「男らしさ」を装う傾向である。身体面での弱点を精神的タフさの外被で隠そうとしたのである。先に紹介したラーテナウの慧眼《けいがん》が洞察していたように、ヴィルヘルムの「男らしさ」は装われたものであった。彼のお抱えだったアメリカ人の歯医者もよく似た観察をしている。彼によれば、ヴィルヘルムは公的な場では威厳ある面持ちを崩さないが、いったん公衆の視線から隠れると、とたんに人なつこい風貌《ふうぼう》に変わったという。

通例、弱点を意識する度合いが強いほど、反動は強くなる。ヴィルヘルムは、「カイゼル」イメージを自己演出するのに多大の努力を傾けた。逆にいえば、ヴィルヘルムはそれほどまでに自分の障害を意識していたということになる。

さらに、彼の性格への影響としては、障害そのものにも増して、矯正努力に伴う苦痛のほうも無視できない。療法のなかには、電気ショックなど身体的な苦痛を与えるものもあったし、「頭部伸長器」を背負いこむなど、みっともない格好をさせられるのに心理的抵抗が強かったものもあった。当然、少年はそれを泣いて嫌がったろう。

だが、母ヴィッキーの鉄の意志はゆるがなかった。きつい叱責もまれではなかった。日々生理的・心理的苦痛にさらされれば、それが性格に内向するのは避けられまい。八歳になろうとする時点で、ヴィルヘルムはすでに「利己的、独善的、尊大」な性格と評されるようになっていた。それに加えて、自分にこれほどの苦痛を強いる母親に対して、ヴィルヘルムの心中に感情のねじれが生じたのは当然である。

母親の教育熱心

腕の障害がなおらないとわかったとき、ヴィッキーの失望は大きかった。しかし、だからといって努力を放棄するという選択は彼女にはなかった。わが子の成長は彼女にしてみれば、自らの尊厳に関わる問題であった。妥協の余地はなかったのである。

身体的問題が解決できないのなら、では精神面の成長でそれをカバーすればよいではないか。こうして、ヴィッキーの熱意はわが子の教育へ向かうことになった。

問題だったのはその教育の方向である。ヴィッキーの強い気性の根底にあったのは、自分は世界に冠たる大英帝国の王室の一員だという強烈な自負であった。イギリスの繁栄を現出した両親のヴィクトリアとアルバートを彼女は尊敬し、その家庭生活や君主としての振舞いを模範視していた。彼女にとって、大英帝国は最高至善の国であり、全人類の模範だったのである。

プロイセン王太子妃となった後ですら、イギリス人だという意識を変えなかったのだから驚きである。「私はイギリス人として生まれたし、イギリス人として死にたい」というのがヴィッキーの口癖であった。後年、彼女は臨終の床で、自らの遺体を英国旗ユニオンジャックに包んでイギリスに送り、そこで埋葬してほしいとの希望を残した（実際には、息子のヴィルヘルム2世がこれを無視してベルリンに埋葬した）。

半面、ドイツへの軽侮を彼女は隠そうとしなかった。宮廷生活から国家制度、文化にいたるまで、プロイセンは田舎くさく、文明的洗練にほど遠いというのである。もっとも、この軽侮を使命感に切りかえるあたり、勝気な彼女ならではであった。自ら率先してドイツをイギリス風に変えるのだ、という使命感である。だが、実家の格上ぶりを婚家でしじゅう鼻にかけていては摩擦しか生まれない。ヴィッキーがベルリンの宮廷、政府のなかで孤立するのに時間はかからなかった。そのなかで、夫の王太子フリッツが異を唱えなかったのは幸いであった。彼は柔和な性格で、どちらかといえば優柔不断であった。それに妻にぞっこんだったのである。

こうした考えのヴィッキーが、王子ヴィルヘルムの帝王教育に本腰を入れようとすれば、どういうことになるかは容易に想像がつく。もともと、家庭生活は彼女の意向を受けて英国風だったが、それに拍車がかかった。行事から習慣、儀礼などすべてにイギリス流儀が持ちこまれた。養育係や家庭教師にイギリス人を雇い、子どもたちは機会あるごとにイギリスに行くようしむけられた。

きわめつけは言葉である。ヴィッキーは養育係とともに、子どもたちに対してはイギリス風の名でよびかけ、英語だけで話しかけるようにした。つまり、「ヴィルヘルム」ではなく、「ウィリー」である。その結果、幼いころのヴィルヘルムはドイツ語がまったく話せなかったという話もある。少なくとも、きちんとしたドイツ語は話せず、英語とチャンポンにする傾向があったらしい。

スパルタ教育

将来の君主としていかなる教養を学ぶべきかについても、彼女の意見ははっきりしていた。

理想とするのは、むろんイギリス風の開明的な立憲君主制である。君主たるもの、まず何よりよき市民たるべきであり、統治においては政党に表れる民意の尊重を第一にすべきだった。一言でいえば、わが子ヴィルヘルムには父アルバートのようになってもらいたい、それがヴィッキーの願望だった。半面、草深い東エルベの封建的空気を残した家父長的なプロイセン君主制など、彼女は歯牙《しが》にもかけなかった。

内容からいえば、リベラルといえる教育方針である。軍隊式のプロイセン流教育より、子どもをのびのび育てるには好適、といえなくもない。しかし、教育は中味と同時に方法でもある。実際には、のびのび育つような余裕はヴィルヘルムにはなかった。リベラルなイギリス的教養は、プロイセン的厳格さでもって注入されたからである。

その担当となったのが、ゲオルク・エルンスト・ヒンツペーターという家庭教師である。彼はギムナジウム教授であったところ、ヴィッキーに見出《みいだ》されて一八六六年、王太子家のお抱え家庭教師となった。ヴィルヘルム七歳のときである。それまで王家子弟の教育は幼年学校など軍隊内で行うのがプロイセンの伝統だったが、ヴィッキーはそれを拒んで、文民にわが子をゆだねたのである。

哲学博士号をもつヒンツペーターは、人文主義的教養の体現者であった。その一方で彼は、峻厳《しゅんげん》を絵に描いたようなカルヴィニストでもあった。痩《や》せぎすで、いかにも面白げなさそうな表情をしたこの人物は、神への奉仕を無二のものとして、あらゆる快楽を敵視した。この姿勢で、彼は子どもたちにも接したのである。禁欲的な生活様式を守り、職務を履行し、国家社会に絶対服従すること、それが彼の教育理念であった。しかも、子どもをほめることが決してなかった。つねに完璧を求めたからである。

経歴は文民であっても、ヒンツペーターは軍隊式エトスをもっていたといってよい。こうして、ヴィルヘルムら兄弟は、子どもらしい無邪気な生気を彼のもとで摘みとられてしまった。加えて、ヴィッキーがヒンツペーターの背後から子どもたちに拍車をかけつづけた。勝気な彼女は、今の成績に安住することを許さず、つねに努力を重ねるよう子どもたちに命じたのである。

結局、ヒンツペーターは一八七七年までその任にあった。その間、彼の勧めで、ヴィルヘルムは一八七四年に中部ドイツにあるカッセルのギムナジウムに進学する。彼、一五歳のときである。中等教育を一般の公教育機関で受けたのも、プロイセン王族としては初めての例であった。王子たちを市民とともに学ばせるというヒンツペーターの提案に、ヴィッキーは進んで同意したのである。もっとも、カッセルにもヒンツペーターは随従してきていたから、結局はヴィルヘルムの少年期はずっと、この峻厳きわまる教師のスパルタ教育の陰の下にあった。

いかにスパルタ的だったか。たとえば、ギムナジウムでの日課は次のようであった。朝の五時に起床した後、もう六時から課業がはじまる。それが、教練やヒンツペーターによる指導をはさんで夜の十時までえんえんと続くのである。人文主義の教育だから、授業の中核となるのはギリシア、ラテンの古典語とドイツ語だが、それ以外に英仏の外国語、歴史・地理の時間があり、さらに数学や物理など理科系科目もあった。これが日曜を除いて毎日繰り返される。

生活も質素そのものであった。たとえば、朝食のパンにはバターもつかない。学友が訪ねてきたら、彼らにはケーキが出るが、ホストのヴィルヘルムはお茶だけである。我慢こそが精神を鍛錬するというヒンツペーターの哲学によるものであった。

祖父への接近

苦痛に満ちた腕の治療に続いて、このスパルタ教育の難行苦行である。これもまた、わが母が自分に強いるものとなれば、ヴィルヘルムがヴィッキーに対して次第に反発をつのらせていくようになったのは意外ではない。ヴィルヘルムは一八七七年秋にカッセルのギムナジウムを卒業し、ボン大学に進学して政治学や法学を聴講する。そのころから母との関係は目だって悪化していった。ついには、ヴィッキーは「この子は真の意味で自分の息子だったことはない」とまでこぼすようになった。

ヴィルヘルムには彼女が奉じるもの、是とするものすべてがいとわしく映るようになった。とりわけ彼が忌み嫌ったのが、ヴィッキーの自尊心のよりどころであった「イギリス的なもの」であった。この反発を、彼はこれ見よがしに正反対のものを標榜《ひょうぼう》することで表現しようとした。ヴィルヘルムは一〇代の終わりころからポツダムで軍務に服するようになるが、連隊の将校団での生活に深くなじみ、そこに――彼自身の言葉では――「この世の喜び、幸福、満足」を感じるようになる。彼自身がどこまで意識していたかは別として、ヴィッキーが軍国主義的な価値観や規範を嫌ったことへの反動に相違ない。

ヴィルヘルムは父親フリッツとも疎遠になっていった。フリッツは若いころより一貫して親英的な人物であった。妻のヴィッキーとは政治や生活信条でも共通していた。性格的にも穏和で、家庭生活では何かにつけ妻の意向に従うことが多かった。つまり、ヴィルヘルムにしてみれば母と同類である。そこで、父に代わってヴィルヘルムが頼りにするようになったのが、祖父の皇帝ヴィルヘルム1世である。

ヴィッキーがプロイセン王室で「イギリス的なもの」を体現していたとすれば、「プロイセン的なもの」を体現していたのが、この老齢の皇帝であった。一七九七年生まれのヴィルヘルム1世は、ナポレオンとの戦争のなかを育った世代である。即位したのはずいぶん遅く、

ホーエンツォラーン家の4世代　右から順に、ヴィルヘルム2世、祖父のヴィルヘルム1世、息子のヴィルヘルム、父のフリードリヒ3世

一八六一年、つまり六四歳のときであった。孫のヴィルヘルム2世が二歳のときである。

　ヴィルヘルム1世は徹頭徹尾、軍人肌であった。若いころからずっと軍隊一本槍《いっぽんやり》で暮らしてきたから、年老いても硝煙の臭いを嗅《か》ぐとなお武者震いを禁じえない、というような人物である。生活面でも、いかにも軍人らしい質素と節制を晩年になるまで守った。たとえば、彼は無用の贅沢《ぜいたく》だとして、ベルリンの王宮のなかにちゃんとした浴室を作らせなかった。代わりに、まるで野戦陣地にいるときのように、防水性の皮袋に湯を張ったものを部屋のなかにしつらえさせて行水したのである。

　一方、政治的な才覚はさほどでなかった。自らもそれを自覚していたのか、自分の意向を強く押し出すことはあまりなく、だいたいは周辺の意見にしたがって裁可を下した。もっとも、反自由主義、反革命という基本的信条ははっきりしていた。一八四八年に三月革命に際会したとき、当時王太子だったヴィルヘルム1世は、武力による鎮圧を強硬に主張した。そのため、反対派から「散弾太子」などという異名を奉られたくらいである。その後は彼も徐々に保守反動色を薄めたが、とはいえ君主権への確信、プロイセンの栄光への帰依がゆらぐことは決してなかった。

そうした彼からすれば、跡取りのフリッツが妻のヴィッキーともども、議会主義に傾いていくのは苦々しくてならなかった。彼らのイギリスびいきもまた、老皇帝には腹立ちの種であった。というのも、ヴィルヘルム1世はロシア王家のロマノフ家とは深い縁戚《えんせき》関係にあったこともあって、根っからの親露派であり、ロシアとの提携こそ、ドイツのとるべき唯一の道だと考えていたからである。

ドイツ的アイデンティティの装い

プロイセン軍国主義の鑑《かがみ》のような祖父に、ヴィルヘルム2世が父母へのアンチテーゼを見たのは自然であった。祖父のほうでも、息子が頼りにならないだけに、代わって孫に期待をかけるようになる。ついでに言えば、祖父のもつ国王、皇帝としての権威は、ヴィルヘルムにとって両親への抵抗を正当化するうえでも格好の根拠となった。

その結果、ヴィルヘルム2世は、祖父を模範としてしきりに引き合いに出すようになった。その傾向は、後に彼自身が皇帝に即位した後にいよいよはっきりする。たとえば、祖父に「大王」号を追贈しようと盛んに努めたのである。フリードリヒ2世が七年戦争を戦いぬいて、世に「大王」と称されるようになったのなら、ドイツ帝国建国の功績あるヴィルヘルム1世も同様のはずだ、というわけである。

かくして、一八九七年のヴィルヘルム1世生誕百年記念では、ベルリンでは祭典が三日間挙行され、ヴィルヘルム2世が閲兵するなか、数万人の退役兵や市民が行進した。同様の祝祭はドイツ各地でも催された。この前後に全土で建立された「ヴィルヘルム大王」の銅像は四〇〇近くにおよんだ。南独のバイエルンでも、大規模な祭列行進が組織されたほか、絵画やパンフレットが出版され、また記念碑、胸像、銘版の類が諸所に設置された。バイエルンといえば、ドイツのなかでも、プロイセン嫌いの気風が強いことで有名な土地柄である。そこですら亡き皇帝の顕彰がかくも大々的に行われたのは注目に値する。

祖父の功績を頌栄《しょうえい》することは――たしかに後段に述べるように、人びとの間での「帝国」の存在感を強めようとする計算も働いていたが――、フリードリヒ大王以来の伝統にわが身を置くことをも意味した。実際、彼はすでに一六歳のときに、自分は第二のフリードリヒ大王になるのだと公言してはばからなかった。プロイセンに脈々として息づくホーエンツォラーン王朝の伝統を、その正統な後継者たる自分がいま受け継ぐのだというわけである。彼が終生、軍事や軍人に強い愛着をもち、また君主としていわゆる「世界政策」の海外膨張策や海軍建設に邁進《まいしん》する素地はここに形作られていたといえよう。

以上見てきたように、ドイツ人としてのヴィルヘルム2世のアイデンティティは、子どものころの家庭環境の産物、という面が強い。父母、とくに母親への反発が、彼をプロイセン的なるもの、ドイツ的なるものへと向かわせたのである。

ただ、見誤ってはならないのは、このドイツ的アイデンティティは、あくまでも装われたものだったことである。たしかに、習いも年を重ねれば性《せい》となる。成年に達した後、ドイツ的要素がヴィルヘルムの人格にしっかりと根づいていたことは否定しようがない。

しかし他方で、すでに述べたように、ヴィルヘルムは内心「イギリス人」でありつづけ、それに誇りをもちつづけた。彼が後年回顧して語ったように、彼の赤ん坊としての人生最初の記憶は、ワイト島にあるイギリス王室の避暑の別荘、オズボーンハウスでの滞在なのであった。イギリスは彼の原体験であった。そして結局、彼がその原体験を脱することはなかった。イギリス王室の洗練と優雅、大英帝国の隆盛と栄光にヴィルヘルムは強く魅せられつづけたのである。

結局のところ、ヴィルヘルム2世のなかでは、相反する二つの人格理念が併存していた。

英風のジェントルマンと東ドイツのユンカーである。彼はそのなかで引き裂かれ、揺れつづけた。

ビスマルクとの同調

父母との確執、祖父との接近といえば、ありふれた家庭内の人間関係ドラマともいえる。しかし、舞台が王家となると、ドラマは政治的な意味をもってくる。

祖父のヴィルヘルム1世を宰相として支えたのが、よく知られているようにオットー・フォン・ビスマルクである。ビスマルクが内閣首班に任命されたのが一八六二年、ヴィルヘルム2世が三歳のときである。当時、内閣と議会が軍制改革をめぐって正面衝突し、政治が完全に麻痺《まひ》するという深刻な事態が生じていた。「プロイセン憲法紛争」とよばれる事件である。事態のあまりの閉塞ぶりに、もはや退位もやむなしとヴィルヘルム1世も一時覚悟を固めたほどであった。そのとき最後の切り札として登用されたのがビスマルクである。後に「鉄血宰相」の異名をとるほどの人物だけに、辣腕《らつわん》ぶりはさすがであった。ついには反政府派の拠《よ》る議会を圧倒し、事態打開に成功する。

こうして彼はヴィルヘルム1世の政治生命を救ったわけだが、それだけではない。ビスマルクはドイツにおけるプロイセンのヘゲモニーを確立するため、その後対外戦争を三度たてつづけにひきおこした。そして、そのうちの最後の普仏《ふふつ》戦争（一八七〇〜七一年）でフランスを破って、宿願のドイツの統一をなしとげたのである。

ビスマルクはあくの強い性格で、強引な手法をいとわなかった。現実政治家《レアールポリティカー》の権化である。しかし、国王のヴィルヘルム1世は彼の政治的才幹を信頼して、そのリードに異論を挟むことはなかった。もっともこの二人、人間的にしっくり行っていたわけではない。独善的で、思いどおりにならないとすぐに辞意をちらつかせて我意を通そうとする宰相に、国王もしばしば辟易《へきえき》した。ヴィルヘルム1世がこぼした有名な愚痴がある。「ビスマルクの下で皇帝を務めるのは容易なわざではない」と。

さて、そのビスマルクだが、皇太子（一八七一年以降は、ドイツ帝国の皇太子となった）フリッツ夫妻とは犬猿の関係であった。何しろ、生粋のプロイセン貴族であるビスマルクは根っからの君権論者である。国王の専権体制を至高のものと考えていた彼には、フリッツらの自由主義的な立憲体制などまったく受けいれられなかった。一方、外政においてはビスマルクの念頭につねにあったのは、ロシアとの協調であった。ここでも、親英路線を是とするフリッツらとは正反対である。

ビスマルクはとりわけ、皇太子妃のヴィッキーを嫌っていた。プロイセンの国情もわきまえず、やみくもに英国流の政党政治を模倣しようという愚行の張本人と見ていたからである。

そんなことをすれば、ちょうど一七世紀のイギリスが清教徒革命などの内乱に引き裂かれたように、プロイセンも混乱の極に陥るだろう。

だが、ただ単に嫌っていればすむ話ではなかった。ビスマルクは焦ってもいた。何しろ、現皇帝は老齢である。その後を襲ってフリッツが即位するのは、どう見てもそう遠い将来のことではない。次の皇帝の下で自分の地位はどうなるだろうか――それを思えば、何か今のうちに打てる手はないかと考えるのは当然である。

それだけに、王子ヴィルヘルムが祖父の皇帝に接近してきたのは、ビスマルクには渡りに船であった。そう遠くない将来、皇帝フリッツの下で王子ヴィルヘルムも皇太子になる。皇太子なら、皇帝に対抗するうえで結構な重みになるはずである。こうして、王子ヴィルヘルムとビスマルクの間の距離は急速に縮まった。

バッテンベルク事件

息子と両親の対立が政治色を帯びた一例が、いわゆるバッテンベルク事件である。フリッツとヴィッキーの夫妻には、ヴィクトリア（通称はモレッタ）という娘がいた。王子ヴィルヘルムには妹にあたる。一八八三年、彼女はある機会にアレクサンダル・フォン・バッテンベルクという美男の貴公子と知りあい、すっかり心を奪われてしまった。バッテンベルクはブルガリア公で、小なりとはいえ、一国の君主である。

彼との結婚を切望するわが子に、ヴィッキーに否やはなく、婚約を許した。フリッツは当初乗り気ではなかったが、つねのように妻の強い意向には逆らえず、同意した。イギリスのヴィクトリア女王やエドワード皇太子（通称バーティ、ヴィルヘルム2世には叔父《おじ》にあたり、後に国王エドワード7世となる）もこの縁組みに賛意を示した。ところが、これがやがて大きな政治問題と化した。ビスマルクから猛反対が出たのである。

バッテンベルクはもともとドイツの貴族だが、露帝アレクサンダー2世の義理の甥《おい》にあたることもあって、ブルガリアの公位についたという経緯があった。ところが、バッテンベルクは即位後、ブルガリアの国内事情に押されて後ろ盾のロシアの利害に反する行動をとった。その結果、ロシアの圧力で、彼は一八八六年に退位に追い込まれてしまう。

つまり、バッテンベルクはロシアから望ましからぬ人物の烙印《らくいん》を押された人物である。その彼を王族の一人として迎え入れるのは、ロシアに喧嘩《けんか》を売るに等しい。対露関係を重視するビスマルクにはありえない選択であった（なお、この点を考えれば、ヴィクトリア女王以下ヴィッキーにいたるまで、イギリス側がなべてこの結婚に乗り気だったのも合点がいく）。しかし、そんな事情にお構いなく、モレッタは依然バッテンベルクに夢中である。ヴィッキーもわが娘の望みをかなえてやりたいという。

立腹したのが王子ヴィルヘルムである。彼は、ビスマルクや皇帝ヴィルヘルム1世に伍《ご》して、この結婚を許せば国益が損なわれると強く主張した。あまつさえ、この縁組みは、プロイセンとロシアの離間をはかるイギリスの陰謀だなどと言いだしたのである。彼は、あの「ポーランド野郎（バッテンベルクは母方でポーランドの血を引いていた）の頭に一発お見舞いしてやる」と息巻く始末であった。こうして、バッテンベルク事件は八〇年代半ばにベルリンの宮廷を二分する大騒動になった。

ヴィルヘルムの反対論が、理屈としてはともかく、心理的レベルでは母の希望は何であれ妨げたいという欲求によっていたのは想像に難くない。結局、この婚約は皇帝ヴィルヘルム1世の厳命が下って解消された。

この事件で、王子ヴィルヘルムと母ヴィッキーとの関係は険悪の極に達した。また彼は、母の言いなりになる父フリッツの不甲斐なさに、腹立たしさをいよいよ募らせた。両親と息子の間の相克は、こうして国の内政、外政上の対立と連動して激しさを増したのである。

外交デビュー

バッテンベルク事件で息子フリッツ夫妻への不信を深めた祖父ヴィルヘルム1世は、孫への肩入れを強めた。こうして王子ヴィルヘルムは次第に政務に参画するようになった。彼がとりわけ関心をもったのが外交である。手はじめに一八八四年、彼は皇帝の代理としてロシアを公式訪問する。ツァーの宮廷での外交デビューはまずまずであった。これに気をよくした王子ヴィルヘルムはいよいよ関心を深め、たとえば外務省に赴いて、自国の外政の体制や政策について進講を受けるようになった。応対したのが、ちょうど外相であったビスマルクの息子ヘルベルトである。

ただ、人間の本性は争えぬものである。このとき、王子ヴィルヘルムはまだいわば帝王学見習いにすぎなかったわけだが、しかし、後に彼の政治スタイルの特徴となった傾向がもう現れている。

一つは、眼前の相手を賛嘆させようともくろんだり、あるいは意を迎えようとするあまり、調子に乗って不用意な言動をする傾向である。ロシア訪問の際にヴィルヘルムは、露帝アレクサンドル3世にひどく気に入られ、おおいにもてなされた。すると彼は露帝の面前で、両親のフリッツ夫妻、祖母のヴィクトリア英女王、叔父の皇太子バーティを悪《あ》しざまに言いなした。ロシアとイギリスは植民帝国の覇権を争う仇敵《きゅうてき》同士である。英国への中傷は、アレクサンドルの耳には快く響くはずだからである。

しかも、ヴィルヘルムはそれで終わらなかった。帰国してからも、彼は秘密書簡をアレクサンドルに送り、両親などへの中傷を続けたのである。いかに両親に強い反発を感じていようと、宮廷の内情を洗いざらい外国にぶちまけるというのは、ほとんど国家機密の漏洩《ろうえい》に等しい。

次に、移り気、あるいは一貫性のなさである。今述べたように、ヴィルヘルムは、訪露でおおいにロシアに好印象をもち、ロシアにおもねるかのような行動をとった。その彼がわずか数年後の一八八七年ころには、ロシアに対する戦争計画に賛同するようになる。背景には、参謀本部次長アルフレート・フォン・ヴァルダーゼーら軍保守派の動向があった。彼らはロシアとフランスが近いうちに手を結ぶのでは、と強い危惧をもっていた。そうなると、ドイツは二正面戦争を余儀なくされる。そこで、事態がそこまで行く前にロシアに予防的に一撃を与えておこうというわけである。ヴィルヘルムはこれに同調した。

この数年の間に、独露関係が以前ほど良好ではなくなったのはたしかである。だが、戦争へと方針を一八〇度転換させるほどのものでは決してなかった。こんなふうに、そのときの気分、その場の雰囲気で物事を決める、というふうな傾向がヴィルヘルムには顕著であった。後に、新聞界から彼が「ヴィルヘルム唐突王」などという渾名《あだな》を奉られるゆえんである。

さらにこれに関連するが、意思決定において「男性的」な果断さを一方的に尊び、慎重や隠忍を軽蔑する性癖も顕著である。これはしばしば、政治問題を軍事的観点に単純化して捉えようとする傾向につながった。たとえばこの場合にも、仮想敵国の脅威を腹背に受けるとしても、外交交渉でまずは対処するのが常識である。ましてや、露仏の同盟はこの時点ではまだ現実のものではない（実現するのはもう少し先、一八九一年のことである）。それを武力発動で片付けようというのは、いかにも短絡的である。

もっとも、ヴィルヘルム2世は真に「男性的」な果断さを備えていたのではなかった。彼の「男性的」イメージ全体が柔弱な本性の外面を装ったものにすぎなかったのだから、これは当然である。そのため、彼はまた「ヴィルヘルム臆病王」とも悪口を言われることになるのだが、詳しくは後段で述べよう。

ドーナとの結婚

王子ヴィルヘルムが予防戦争論に加担したことは、政治的な余波を生むことになった。ビスマルクとの関係にヒビが入ったのである。

予防戦争は、いわゆるビスマルク外交を否定するものであった。ビスマルクは、ドイツ統一で攪乱《かくらん》したヨーロッパの国際秩序を再建するために、ドイツを中軸にして諸国間に同盟条約の網の目を張りめぐらせた。それは随所に矛盾と緊張をはらむものであったが、全体としてはかろうじて安定を保っていた。だが、ロシアへ攻撃をしかけるなら、このガラス細工のような秩序はその瞬間に崩壊する。

対露予防戦争を唱えたとき、ヴァルダーゼーには、国内政治にそれがどう影響するかは織り込みずみだったに相違ない。彼は、ビスマルクに代わって宰相になることを望んでいたからである。つまり、ビスマルクから見れば、王子ヴィルヘルムは政敵側についたことになる。こうしてビスマルクは王子から次第に遠ざかるようになった。一方、ヴァルダーゼーは王子ヴィルヘルムの側近となる。

数年後、ヴィルヘルムは即位した後、ビスマルクと正面衝突し、そして強引に解任する。その種はすでにこのとき蒔《ま》かれていたといえる。

ここでヴィルヘルムの結婚についてもふれておこう。彼は一八八一年に二二歳で、シュレスヴィヒ・ホルシュタイン・アウグステンブルク公国の公女アウグスタ・ヴィクトリア（通称ドーナ）と結婚した。彼はボン大学を出たばかりだから、早い結婚である。別段、結婚を急ぐ事情はなかった。しかも、新婦の実家はホーエンツォラーン家よりも家格が低く、不釣合いな縁組だという声すらあった。そのなかをヴィルヘルムが押し切ったのである。

では、ドーナとの熱愛の結果かというと、そうでもない。彼の意中の女性は別にいた。ヘッセン大公国の公女エリーザベト（通称エラ）で、母方の従妹《いとこ》にあたる。ヴィルヘルムはエラにかなりの執心だった。しかし、彼女は結局ヴィルヘルムになびかず、この恋は実らなかった。ドーナとの話が持ちあがるのはそのすぐ後である。

なぜヴィルヘルムがドーナとの結婚を急いだのか。彼一流のきまぐれの表れか、あるいは失恋の痛手から来る自暴自棄だったのか。それはともかく、彼女との結婚生活は平穏だったように見える。六男一女をもうけたから、その意味では夫婦関係は円満だった。ただ、それは必ずしも深い相互理解にもとづいたものではなかった。ドーナは典型的な良妻賢母タイプの女性で、夫をつねに立て、その意向に無条件で従った。ただ、型にはまった因習的な考え方にこだわり、他方知的関心や芸術への興味には乏しかった。一言でいえば、退屈な人間である。才気煥発《かんぱつ》なヴィルヘルムにはものたりなかった。

だからというわけでもあるまいが、ヴィルヘルムは結婚後一年もしないうちに、もう外で不倫関係をもった。今日の研究によると、彼には少なくとも数人の愛人がいたことが知られており、そのうちアナ・ホモラッチュという女性とは、女児をなしたことがわかっている。

ヴィルヘルム2世は公的な場では、キリスト教を称《たた》え、その家族道徳を擁護した。完全なダブル・スタンダードである。もっとも、いわゆるヴィクトリア的倫理観のこの時代、男性の浮気は、家庭生活を崩壊させない範囲でなら、容認されることが多かった。その意味では、ヴィルヘルムのアヴァンチュールは人並みだったともいえないことはない。

「三皇帝の年」

一八八七年春、皇太子フリッツは自分の声が妙なのに気づいた。変にしわがれるのである。あれこれと手を打ってみるが、症状は依然として改善せず、むしろ悪化していく。やがて彼の喉《のど》にはっきりとした腫脹《しゅちょう》が認められるようになった。喉頭《こうとう》ガンであった。

皇太子の病気でプロイセンの内政は一挙に流動化した。すでに皇帝ヴィルヘルム1世は九〇歳であり、その衰弱ぶりはだれの目にも明らかだった。どう見ても、当年五五歳のフリッツへの代替わりは時間の問題である。フリッツが襲位すれば、彼の政治理念からして、自由主義化の潮流が強まるのは必至であろう。新皇后ヴィッキーの発言力が宮廷を越えて政界にまで強まるのもまちがいなさそうだった。ところが今、そのフリッツが不治の病に冒されていると判明したのである。

王子ヴィルヘルムに衆目が注がれるようになったのは当然である。帝位が息子をとび越えて、一挙に孫に渡るというシナリオがにわかに現実味を帯びてきた。ヴィルヘルム自身も野心満々であった。かねて両親に強い不満を募らせてきた彼である。今こそ、という気にならないほうがおかしい。

皇太子の病勢はとどまることなく進んだ。同年一一月、王子ヴィルヘルムは皇帝の指名によって皇帝代理に任じられた。一方、親子の確執もとどまるところを知らなかった。ヴィッキーは息子が父の死をひそかに願っていると信じた。フリッツがイタリアの保養地サンレモに一時病を養っていたとき、見舞いに訪れた王子ヴィルヘルムに対して、ヴィッキーが病室への入室を拒むなどという一幕もあった。またこれはフリッツ没後の話だが、ヴィルヘルムは父の死の連絡を受けるや、母ヴィッキーの住むポツダムの宮殿に軍隊を派遣して封鎖させた。国家の機密に関する書類をヴィッキーがひそかにイギリスに運ばせるのでは、と邪推したからである。両者はお互い、そこまで不信で凝り固まっていたのである。

一八八八年三月九日、皇帝ヴィルヘルム1世が世を去った。その後を、息子のフリッツがフリードリヒ3世として継いだ。孫の王子ヴィルヘルムは皇太子である。かくして、祖父から孫への一足飛びの権力継承とはならなかったわけだが、しかしフリッツが帝位に就いたといっても、それはほとんど形のうえだけにすぎなかった。病状はすでに重篤をきわめていたからである。病床を離れることができなかった彼は、ヴィルヘルム1世の臨終の床に侍することすらかなわなかった。

したがって、皇帝になったとはいえ、君主としての務めを果たすための気力と体力は、彼にはもうまったく残っていなかった。そして、六月一五日、不運な皇帝フリードリヒ3世は逝去する。即位してからわずか九九日後のことであった。即日、皇太子ヴィルヘルムが即位した。結局、一八八八年というこの年には、ドイツでは三人の皇帝が交代したことになる。

「三皇帝の年」と称されるゆえんである。

かくして、ドイツ皇帝にしてプロイセン国王、ヴィルヘルム2世が誕生した。彼ときに二九歳である。

第二章　「個人統治」への意志

宰相ビスマルク（左）と（1888年）

外務省での衝突

ビスマルクの声は怒りにふるえていた。自分が自宅でだれと面会しようと、他人に干渉されるいわれはありませんと、彼は低く、押し殺した声で言った。君主たる自分の指示があってもか、とヴィルヘルム2世がおっかぶせるように冷たく反問した。

それでついに堪忍袋の緒が切れた。ビスマルクはやおら立ちあがると、自分の行動をそのように制約されるなど、どうにも受け入れられないことです、とまくし立てた。そして、近くにあった分厚い書類ファイルを手に取り、それを二人の間のテーブルにたたきつけたのである。衝撃でインク壺《つぼ》がひっくり返った。ビスマルクは何しろ身長一九〇センチ、体重一〇〇キロ近い巨漢である。ビスマルクの怒気に気おされたヴィルヘルムは思わず、横に置いていたサーベルに手をかけそうになった——。

ヴィルヘルム2世が即位してから二年弱たった一八九〇年三月一五日朝、こんな危ういシーンがプロイセン外務省の一室で演じられた。実は、この会見についてはここまで詳細な情景は伝わっていないのだが、しかし前後の事情からして、こんな荒れた雰囲気だったに相違ない。

この日、ヴィルヘルム2世は早朝にビスマルク邸に使いをやり、早急に出頭するように命じた。そして、身づくろいもそこそこに駆けつけたビスマルクに対して、皇帝は、宰相がロシア駐在のドイツ領事からの重大情報を自分に隠したと非難し、あるいはまた、内閣首班の権限を濫用《らんよう》して閣僚が自分に近づかないようにしていると責めた。さらに加えて、宰相が数日前、無断で自宅でカトリック政党の代表を応接したとして、厳しく難詰したのである。重なる激しい非難に、ついにビスマルクは爆発したというわけである。

ただ、どういう経緯があったにせよ、皇帝と宰相が感情むき出しに衝突するというのは尋常の事態ではない。何があったのか。

実はここ数ヵ月来、ベルリンの政界では国民の感知しないところで、大きなうねりが続いていた。そのうねりが表面に現れたのがこの日の会見であった。そしてそれは三日後、世間を驚かす事態に発展した。ビスマルクの宰相解任である。

争点としての労働者問題

ビスマルクがプロイセン首相に就任してから二〇年近くになる。この間、彼はずっと政治の中枢にあって国家の舵取《かじと》りにあずかってきた。それだけに、彼の存在はベルリンの政治と分かちがたく、この国があるかぎり彼の政権も続くかのような観があった。だが実際は、ヴィルヘルム2世が即位して以来、終わりの日が来るのはもうそう遠くなかったのである。

ビスマルクの政治力に陰りが見えてきていたことはたしかであった。彼の権力と権威は元来、宰相独裁といってよいほど圧倒的なものだったが、さすがにここまで在任が長引くと、いろいろなほころびが生じてきていた。問題はとりわけ、議会の動向であった。ビスマルクが頼りにできる政党の勢力が弱まってきていたため、政府のもくろむ法案成立が滞ることが増えた。

そんななかで政治の焦点に浮上してきたのが労働者問題である。具体的に言えば、一つは一八八九年のルールの炭鉱ストライキである。賃上げ、労働時間短縮などを掲げたこのストライキは、地域の炭鉱労働者がほぼ余すところなく参加するという、それまでにない大規模なものであり、各所で流血の衝突もおこった。ルールの石炭業はドイツの工業力を支える屋台骨である。当然、このストライキは大きな政治問題となった。

もう一つは、社会主義者法の更新である。同法は、社会民主党に対する弾圧立法として名高いもので、一八七八年に制定された。時限立法だったため、満期になるごとに延長されてきたが、次は一八九〇年九月に満期を迎える予定であった。問題なのは、この弾圧法下でも社会民主党の勢力はいっこうに衰える気配がなく、むしろ逆に地歩を着実に拡大させていたことである。それだけに、この法律を単純に更新するのか、それとも別の方策を検討するのかが改めて問われていた。

この二つの問題への対処をめぐって、老宰相ビスマルクは新帝ヴィルヘルム2世と真っ向から衝突した。

炭鉱ストライキに対して、ビスマルクは、政府としては不介入方針を貫こうと考えていた。保守政治家として社会主義や労働運動を不信の目で見ていた彼は、このまま争議が激化して労使間が全面衝突することになっても、容認するつもりであった。一方、ヴィルヘルム2世は労働者側に肩入れした。彼は労働者代表を引見する一方、問題解決のために勅令を発した。二月勅令とよばれるもので、労働者社会政策のための国際会議を開催する計画と、具体的な労働者保護措置とを盛りこんだものである。しかも、彼はこの勅令をビスマルクの同意なしに、一方的に発布した。

社会主義者法についても、両者の対応は対照的であった。ビスマルクは更新論を唱えた。しかも単純な更新ではなく、この機に恒久立法化する考えで、そのための同法の改正法案を議会に上程する手配を進めた。もっとも、ビスマルクとてもこれがすんなり議会を通過するとは考えていなかった。議会での彼の足場が弱っていたのに加えて、この法律はいったい世論では不評だったからである。したがって、改正法案が提出されても、議会で多数派を得る成算はなかった。

ただ、ビスマルクには秘策があった。もし議会が法案の反対に固執するなら、議会解散に打ってでる、そしてついには政治の停滞を口実に憲法改正を断行して議会を廃止する、という荒技である。一種のクーデタといってよい。

一方新帝には、この案はまったく受け入れられないものだった。議会や世論と正面衝突し、あげくにクーデタとなれば、どんな流血の事態が生じないでもない。自分の治世のはじまりを血まみれにするなど、とんでもないことであった。それに、統一ドイツ国家の枠組もどうなるかわからない。憲法の条文を見直すとなると、これを機に帝国の結盟から離脱しようとする邦が出ないともかぎらないからである（このあたりの事情は後段で改めてふれたい）。

そこで、皇帝は法案の内容を緩和することで、議会多数派の支持をとりつけようとした。しかし、事態の中央突破をねらうビスマルクはとうてい賛同できない。その結果、議会での採決に向けて御前会議が一八九〇年一月に開かれたとき、両者は正面衝突し、激しい口論となった。

対立の真因

この後、二人の対立は深まるばかりであった。争点の一つが冒頭にふれたカトリック政党（中央党と称した）との関係である。ヴィルヘルムは、個人的にカトリックに対して強い嫌悪感をもっていたうえ、君主権を何かと制約する議会に立腹していた。議会のなかでキャスティングボートを握る中央党はさしずめ、足かせの象徴であった。これに対してビスマルクにとっては、議会での多数派工作のうえで有力会派との折衝は不可欠であり、同党との絶縁など考えられなかった。

外交面でも意見が食いちがった。ビスマルクがロシアとの友好をドイツ外交の基調として重視したのに対して、ヴィルヘルムはこれを甘い考えと見た。前章でふれたように、彼はロシアとの戦争は早晩不可避だと信じていたからである。

また、ビスマルクが煙たいだけに、ヴィルヘルム2世は彼を迂回《うかい》して、その下の閣僚や、さらに各省庁の官僚と直接に接触しようとした。ビスマルクにしてみれば、これは宰相としての鼎《かなえ》の軽重《けいちょう》が問われる問題である。そこで彼は、閣僚が首相の許可なく国王に上奏するのを禁じた一八五二年のプロイセンの官房令などという古証文を持ちだして、これを阻もうとした。こうして対立は深まる一方となり、ついに極点に達したのが先述の三月一五日朝なのである。

このように見ると、二人の政治理念が対照的で、それがために衝突は不可避かつ必然的だったように見える。しかし実は、対立の根はもっと別のところにあった。というのも、二人の考えは、根本ではそう異なってはいなかったからである。

たとえば、ビスマルクは労働者社会政策を全面否定したのではない。それどころか、一八八〇年代にドイツで創始された一連の社会保険制度の産みの親は彼であった。それらは当時のヨーロッパではきわめて先進的な制度で、現代の社会福祉国家制度の源流とも見られるものである。先述のルールの炭鉱ストライキをはじめ、当時の労働争議の根元にはたいてい、労働者の生活苦があったが、ビスマルクもその深刻さを認めていたし、その解決が国家にとって重要な課題だと考えてもいた。

ただビスマルクには、労働者の解放などという発想はない。あくまでも国家が手をさしのべて弱い労働者を困窮から守ってやるという姿勢であった。その裏には、労働者に恩義を施すことによって、彼らを革命思想から切り離し、現在の政治・社会秩序を肯定させたいという計算があった。したがって、彼が炭鉱ストライキを非難したのは、労働者が自ら問題を解決せんとして、ストライキという力の手段に訴えたためであった。労働者は、政府が策を講じるのをただおとなしく待っていればよいのである。

実はこの点では、ヴィルヘルム2世もまったく変わらない。彼は終生、社会主義者を国家の不倶戴天《ふぐたいてん》の敵――彼に言わせれば「祖国なき輩《やから》」――と考えていた。それだけに、労働者の権利などにはまったく理解がなかった。彼の場合にも、社会政策はあくまで社会的弱者に対する上からの施し、という家父長的な観点によるものであった。

半面、ヴィルヘルムの弾圧立法の拒否が一貫していたわけでもない。それどころか、彼は国家の敵には情け容赦は無用という考えであった。ヴィルヘルムはとりわけ、ドイツが将来、対外戦争を敢行する際に、社会主義者が国内治安を攪乱するのでは、との危惧をもっていた。そのための予防措置を、ヴィルヘルムは彼一流の物騒な表現でこう提案したことがある。戦争をはじめる前に「まず、社会主義者を射殺し、斬首《ざんしゅ》し、つまり必要なら流血手段によって彼らの害を除く」ことが必要だと。

現に、このわずか数年後の一八九四年に、彼はいわゆる転覆法案という弾圧法の成立をはかっている。社会主義者法の再版といってよい。それが議会で否決されると、一八九九年に再度、懲役法案という名で同様の法律を上程させた（これも否決されて成立しなかった）。また後年、改憲による議会の停止という方策、つまりクーデタ案が何度か彼の周辺で浮上したことがある。

つまり、二人の労働者問題についての考えに根本的な相違はなかった。では、それにもかかわらず、皇帝と宰相の衝突が不可避だったというのはなぜか。それは、ヴィルヘルムが何としてもビスマルクを除く決心でいたからである。

宰相更迭への意志

前章でふれたように、ヴィルヘルム2世とビスマルクは一時期、皇太子フリッツ夫妻への対抗上互いに接近したことがあった。しかしその後、ヴィルヘルムが反ビスマルク陣営に加担したため、関係は冷却した。

それ以上に、二人の間には根本的に相いれないものがあった。総じて老練な政治家の目に、若き君主は何かにつけ危なっかしく映るものである。とくにヴィルヘルム2世の場合、前章で述べたように、言動が衝動的で、思慮に欠ける面があったからいっそうであった。七五歳のビスマルクには、この皇帝に国を率いるだけの力量があるかどうか、大いに疑問に思われた。

ビスマルクは一八八七年、つまり「三皇帝の年」の前年に、知人に向かってこう漏らしたことがある。いわく、王子ヴィルヘルムは短気な性で、また口先だけの人物だ。それにおべっか使いに弱い。この人物は将来、気づかないうちに、望まないままドイツを戦争に陥れることになるかもしれない。そしてこう付け加えた。皇太子フリッツの病は国家にとって大変な不運だ、と。ビスマルクがフリッツ夫妻と激しい敵対関係にあったことはふれた。しかし、そのフリッツのほうがまだまし、というのだから、ヴィルヘルム2世への評価がいかに低かったかがわかる。

傍若無人で鳴るビスマルクだから、折にふれこうした見方を遠慮なく言動に表した。気位の高いヴィルヘルム2世は不快きわまりなかった。宰相が自分を、まるで「学童のように扱う」と憤った。しかも、単なる個人的感情の問題を越えて、彼には宰相をそのまま任にとどめおけない事情があった。

それはそうだろう。相手は幾多の困難苦境を乗りこえてきた海千山千の政治家である。ドイツ統一の立役者という功績をもち、また巧みな外交手腕を通じて、他のヨーロッパ諸国でも高い声望を得ている。ビスマルクには、祖父のヴィルヘルム1世ですら一目も二目も置いていたのである。一方、ヴィルヘルム2世は三〇歳を越えたばかりで、政治経験ではビスマルクの足元にも及ばない。ビスマルクがそのまま宰相を続けるなら、ヴィルヘルムは発言力のない、お飾りの皇帝になり下がるのはまずまちがいない。

ヴィルヘルムには、これはとうてい耐えられなかった。彼は自ら恃《たの》むところがきわめて強く、自分の能力は万人にまさると自負していたからである。ドイツの隆盛を実現できるのは自分のみなのだと、彼はこれまで腕を撫《ぶ》してきた。そして今、即位によって、胸中に暖めてきた抱負を実現する機会がついに到来したのである。

彼の沸きたたんばかりの意欲は、ベルリンの宮廷、政界の空気にも伝わっていた。ある社交界の女性は、ヴィルヘルム2世の即位後二ヵ月で、「今ベルリンに吹いている風は、……

老いた皇帝のゆっくりとしたテンポに代わって……激情的で、やる気にうずいている、行動力のある若い男性のテンポ」になっている、と書き残している。

「新航路」

ヴィルヘルム2世は、一八八八年の即位の時点でビスマルクを除く決心をしていた。即位後まもなくのことだが、「六ヶ月の間は御老体に一息入れさせるつもりだが、その後は私が自ら統治する」と、決意を周囲に漏らしている。

即位後初めて召集された議会で、彼が皇帝として開会演説を行ったときのことである。演説の後、閣僚や議員たちがヴィルヘルムのもとに来て、臣従の接吻《せっぷん》を行った。最初に彼の前に進み出たのは宰相だが、ヴィルヘルムはふんぞり返って手を低く差しだしたものだから、ビスマルクは巨軀《きょく》を窮屈にかがめて礼を行わざるをえなかった。ヴィルヘルムは、衆人環視の場で自分の優越的地位を誇示したわけである。

ヴィルヘルムはその後、更迭《こうてつ》を断行するための頃合いを見計らっていた。ビスマルクとの対立が決定的になったのは一八九〇年一月の御前会議だが、そのころには腹は完全に固まっていた。この前後、ヴィルヘルムはレオ・フォン・カプリーヴィ将軍を呼びだして、次の宰相に任ずる旨を伝えている。となれば、後は解任を通告する機会を待つだけであった。そして、三月一五日にそれが到来したわけである。

宰相ビスマルクの解任はドイツ政治を揺るがす一大事件であり、内外に大きな衝撃を与えた。彼が三月末、ベルリンをひきはらって北ドイツの自分の領地へ戻るとき、多くの人々が駅頭に集まって建国の英雄との別れを惜しんだ。ただその一方で、何かしら解放感が生まれたことも事実である。ビスマルク時代はそれが長引くにつれ、ある種の停滞、閉塞の感覚を生み出していたのである。

若き君主　即位当時のヴィルヘルム２世。イギリス海軍提督の軍服を着ている

解放感は、若き君主への期待につながった。老練な「待ちの政治」ではなく、充実してきたドイツの国力にふさわしい躍動的な政治が新皇帝の下で進むのでは、という気分が人びとの間に強まった。作家のフォンターネが述べているが、国民は山積する課題に先頭に立って立ちむかう「統率者」をヴィルヘルム２世に見ようとしたの

である。

このころ、ヴィルヘルムはビスマルクの更迭をある親戚に説明する際に、次のように述べた。すなわち、国家という船は、宰相という舵手《だしゅ》が交代しても、「航路に変わりなし。全速前進！」だから心配しないように、と。しかし、コースに変更がないというのは、むろん言葉のあやである。実際には、ヴィルヘルムの下で、ドイツの政治は「新航路」へと乗り出していった。

奇妙な連邦国家

ヴィルヘルム2世の統治に筆を進める前に、ここで当時のドイツ国家のあり方についてちょっと整理をしておきたい。というのは、彼が皇帝として君臨したドイツ帝国（歴史学では第二帝政、あるいは帝政ドイツとよばれることが多い）は、普通われわれが考えるような国家とはかなり趣を異にしていたからである。しかも、その国家制度を理解しておくのは、単に彼の生涯の背景だから、というにとどまらない。実はそれは、彼の君主としての行動を理解するうえで必須なのである。

手はじめに、ドイツ帝国とプロイセンとの関係である。プロイセンが中心になって、小国分立にあえいでいたドイツを統一し、一八七一年に第二帝政が生まれたという理解がある。

それはむろん間違ってはいない。日本もほぼ同時期、一八六八（明治元）年に明治維新という国家統一を経験した。日本との類比で捉えるなら、プロイセンはさしずめ薩摩《さつま》か長州《ちょうしゅう》ということになろう。

ただ、この類比を安易に進めると、大きな誤解になる。薩長《さっちょう》はやがて中央集権的な明治国家体制に吸収されていく。藩閥勢力として非公式に影響力を保ったものの、制度としては一八七一（明治四）年の廃藩置県で消滅する。プロイセンはそうではない。プロイセン国家は長く存続し、解体されるのはようやく第二次世界大戦後のことである。その間、一箇《いっこ》の国家としての実体をもちつづけた。第二帝政期についていえば、プロイセンは独自の憲法、君主、政府、さらには軍隊すら保持した。つまり、国家のなかの国家（邦とよばれる）なのである。

だから連邦国家という点で、ドイツ帝国はむしろアメリカ合衆国に似ていた。ただその連邦制のあり方はかなり変わったものであった。

わかりやすい例をあげるなら、国家のシンボルである。ドイツ帝国には当初、国旗がなかった。黒白赤の三色旗が制定されたのはようやく一八九二年のことである。建国記念日は結局、正式には制定されないままだったし、国歌もない（もっとも、アメリカにも正式な国歌はないが）。

もっと妙なのは国家機関である。ドイツ帝国憲法には帝国政府なるものの記載がない。憲法で定められたドイツ帝国の大臣はたった一人、帝国宰相だけである。もちろん、実際には帝国レベルに省庁が存在し、それを率いる閣僚がいた。しかし憲法上は、彼らは宰相の単なる下僚にすぎず、大臣としての地位はもたなかった。

さらに、陸軍も憲法上存在しなかった。では、第一次世界大戦で連合国側と戦った「ドイツ軍」なるものは何かといえば、法的にはプロイセンやバイエルンなどの邦の軍隊であった。ところが、海軍の側では帝国海軍が存在したのだから、話はますますややこしい。

ドイツ帝国内で邦はこのように強い自立性をもっていたが、それは財政、外交にもおよんだ。すなわち、所得税等の直接税の課税権は邦にのみあり、逆に帝国が頼れたのは間接税だけであった。また、邦は諸外国と自前の外交関係を結ぶことができ、現にローマの教皇庁にはバイエルン邦の使節が駐在していた。

国家連合としてのドイツ帝国

そして、――ヴィルヘルム2世自身にもっとも関わる点として――皇帝の問題がある。ドイツ帝国憲法には、皇帝の権限や義務をまとまって記した節がない。この憲法を前から読んでいくと、皇帝への言及が唐突に現れる（第一一条）。しかも、帝国を主宰する権限をもつ者として、である。つまり、皇帝は主権者ではない。彼は対外的にドイツ帝国を代表する首長にすぎなかった。

むろん、皇帝には相応の権限が認められてはいた（宣戦・講和、議会の召集・解散、官僚の任免など）。しかし、それはあくまでもドイツ帝国の「顔」としてであった。皇帝ヴィルヘルム2世といえば通例、強大な権力をほしいままにした専制的な君主というイメージがある。しかし法的地位から言えば、彼は数ある諸邦の君主の一人にすぎなかったのである。

では、ドイツ帝国の主権はどこにあったのかというと、連邦参議院という機関である。帝国を構成する邦（二二邦）や自由市（三市）の代表が参集する議院である。おおざっぱに言えば、議会の上院にあたる。あらゆる法律について承認権をもっていたし、また皇帝に与えられていた宣戦・講和の権限も、あくまでも連邦参議院の同意があってのことである。ただ、連邦参議院は純然たる議院とも言いがたかった。外交、軍事などに関して一定の行政機能をもっていたからである。

議会の下院が帝国議会である。国民の選挙で選ばれた議員で構成されるが、その選挙法は注目に値する。当時のヨーロッパで類例のない男子普通選挙だったからである。半面、帝国議会の権限はかなり限られていた。法案や予算について審議や決議はするが、最終的な決定権はなかった。連邦参議院のほうが権限で優越していたからである。また予算のなかでもとくに鍵になる軍事費については、帝国議会の審議権には制限が付された。

以上見てきたように、国家統一で生まれたドイツ帝国は、明治日本とは異なって連邦的性格が強かった。邦の独立性がきわめて強く、それが帝国の制度においても連邦参議院という機関によって担保されていたのである。

なぜ、このような国家が生まれたのか。それは、中世以来のドイツの来歴によるところが大きい。一言でいえば、一八七一年のドイツ帝国は、一八一五年に成立したドイツ連邦の再版という側面をもっていた。つまり、独立の君主国が集まって形成した国家連合という性格である。もちろん実際には、各邦が自発的に参集したのではなく、統一を主導したプロイセンの圧力下で参加を余儀なくされた面はある。といって、純然たる強要ばかりでもなかった。諸邦の参加を取りつけるため、ビスマルクはあれやこれやの譲歩を行った。その結果、先述のような、邦の特権のつぎはぎ細工のような憲法体制が生まれたのである。言い換えれば、ドイツ帝国は連邦国家であると同時に、また国家連合でもあった。

国家連合という性格は、とりわけ憲法前文を読めば一目瞭然《りょうぜん》である。憲法では通例、前文にその成立経緯が記される。たとえば、君主が臣民に下賜《かし》するとか、国民がその総意によって定めたとかである。しかしドイツ帝国憲法の前文に書かれているのは、プロイセン、バイエルン以下の諸君主が結盟し、その名をドイツ帝国とするという点のみである。

興味深い事実がある。事実上の帝国建国者たるビスマルクは当初、帝国宰相には外務省の下僚を任命するつもりだった。自らは、といえば、プロイセン外相（ビスマルクは首相に加えて外相を兼務していた）の立場から帝国全体を操縦するつもりだったのである。このことは、ビスマルク自身にとっても当時、ドイツ帝国が一箇の国家というよりも、一種の国際機関のように映っていたことを示している。

国民国家への流れ

しかし、以上ドイツ帝国憲法が示す国制は、われわれが帝政ドイツについてもつ像と大きく異なる。歴史のなかのドイツ帝国は、ちょうどイギリスやフランスがそうであるように、内政でも外政でも、基本的には一箇の統一国家としての動きを示した。その証拠に、ドイツ史の教科書の類を見るとよい。諸邦の政府や君主の動静を詳述したものはほとんどない。政局の帰趨《きすう》や政策の成否に彼らが与えた影響はそれほど小さかったのである。

どんな憲法でもそうだが、ドイツ帝国の場合も、憲法の条文がうたうところと憲法の現実とは異なっていた。条文起草の際に構想されていたものが、社会の現実のなかに投げ入れられたとき、現実との適応を強いられ、次第に条文から離れていくからである。ドイツ帝国は、国家連合と統一国民国家という相反する二つの原理を連邦国家という形で糊塗《こと》したものといえるが、現実への適応の過程で、この二つの原理は次第に比重を変化させていった。

このうち、国家連合の原理は、一九世紀初のドイツ連邦に範をとったという事実からも明らかなように、明らかに時代遅れのものであった。一方、ヨーロッパ各地でのナショナリズムの隆盛に見られるように、時代の風は統一国民国家の建設という方向に吹いていた。この観点から見るなら、第二帝政の半世紀とは、時代の要請に合致しない国家連合の要素が後退し、代わって統一国民国家の要素が強まっていく時代であったといってよい。

ドイツ帝国旗が一八九二年、つまり帝政期のちょうど中ごろに制定されたという事実は、その移行を象徴している。そして帝政の末期ともなると、国家連合的な要素はかなり空洞化していた。たとえば一九一四年、第一次世界大戦前夜にドイツの指導部では、和戦の選択をめぐってぎりぎりの政治ドラマが繰りひろげられた。しかし、連邦参議院の姿はまったく現れない。政府から何の連絡も受けず、完全に議論の埒外《らちがい》におかれていたからである。憲法上、連邦参議院は宣戦承認の権限をもつはずだったが、それは実際には空証文になっていたのである。

国家連合から統一国民国家へという滔々《とうとう》とした歴史の流れのなかで、それに乗じ、流れを加速しようとしたのがヴィルヘルム2世だったというのが本書の見立てである。詳細は後段で述べるが、ただ、本人が流れに棹《さお》さしているつもりであっても、実際には流れに押し流されていることはよくある。ヴィルヘルム2世の場合はどうだったのだろうか。

「安全な」宰相

さて、話を一八九〇年に戻そう。

ヴィルヘルム2世の人柄はここまでの叙述で読者にもおおよそ見当がつこうが、とりわけ自己の能力に対する自信という点では、尋常の度を越していた。自分には、いかなる分野であれ、迅速適確に物事の本質を見ぬく力が備わっていると、確信して疑わなかった。彼にいわせれば、その筋の専門家など、自分のもつ高い見識に比べればものの数ではないのである。

君主本来の領分である政治ではとくにそうである。あるとき彼は、居ならぶ閣僚たちを目の前にしてこう言いきったことがある。「貴下らはみな、何もわかっていない。わかっているのは朕のみなのだ。だから、朕が決定を下すのだ」と。この種の発言はかぎりがない。たとえば、叔父の英皇太子バーティに対する書簡で、ヴィルヘルムはこう胸を張った。「自分はドイツ政治の唯一の主《あるじ》であり、わが国は自分の向かうところ、いずこであれ従わなければならないのである」。政府や議会の意向を忖度《そんたく》せずには何も決められないイギリス王室をあてこすったわけである。あるいは、外交問題についての会議の席上、ある臣下が外務省の意向を確認したほうがよいのでは、と具申すると、彼はこう答えた。「外務省だと？　なぜだ？　朕が外務省なのに」。

もっとも彼の内面では、この種の威勢のよさは、実は傷つきやすい自我を守るための虚勢だった面もあるかもしれない。しかし、心理的な原因の有無はともかく、君主としての彼はこの猛烈な自信をもとに行動した。その彼が、ビスマルクが去った後、皇帝親政によって何事も自分の思いどおりにすると決意を固めたのは当然である。その決意は何より、ビスマルクの後任人事によく表れている。白羽の矢が立ったのがカプリーヴィである。

これは意外な人選だった。周囲も驚いたが、もっとも驚いたのはカプリーヴィ自身だったろう。彼は政治的な経歴もなければ野心もない、生粋の軍人だったからである。労働問題に揺れる難局に対処するだけの力量が自分にあるとは彼自身、信じられなかった。それでも任命を受けたのは、命令には絶対服従という軍人としての義務感からにほかならない。逆に皇帝からすれば、カプリーヴィは「安全な」宰相だった。独自の政治的足場をもたないから、あらゆる場面で皇帝の権威と権力に依存せざるをえない。宰相を意のままに動く道具にしたいと考えるヴィルヘルムには格好の人物である。

ついでにいえば、「安全な」宰相を、というヴィルヘルムの意向は、次の宰相人事でもはっきりうかがえる。カプリーヴィが一八九四年に辞任した後を継いだのは、クロードヴィヒ・ツー・ホーエンローエ・シリングフュルストであった。ホーエンローエは名門貴族の出身で、加えて幾多の枢要な政治的ポストを歴任した政界の重鎮である。ただ、彼は宰相就任時にすでに七五歳という、当時としては異例な高齢であった。自ら先頭に立って政治を切り盛りするという元気はもうない。実際、彼が一九〇〇年に宰相を退任するまでの六年間は、とりわけ外政面では大きな波乱が続いた時期だが、ホーエンローエの影はきわめて薄い。

蛇行する「新航路」

ビスマルク解任後の「新航路」を、ヴィルヘルムはまっしぐらに進まんものとおおいに意気込んだ。だが現実は大きく違った。船出早々から頻繁に蛇行と座礁をくりかえしたのである。

まずは、労働者問題である。ヴィルヘルムは即位当初、「貧者の帝王」に自らを擬して、社会問題に積極的に取り組んだ。ビスマルクが手こずった難題でも自分なら解決できることを示したいという野心もあったろうし、また慈悲ある君主として国民の敬愛を集めたいという欲求もあった。あるいはまた、労働者は君恩に感謝して国家への忠誠心を強め、社会主義の誘惑から離れるだろうという算段もあった。

ところが、労働者は彼の思うようには懐柔されなかった。皇帝の言動の裏に、現状糊塗的な家父長主義の臭いを嗅ぎとったからである。その結果、労働争議はいっこうに減らず、また社会民主党も衰えない。この事態に、ヴィルヘルムは恩知らずの臣民に裏切られたと感じた。失望した彼は、今度は掌《てのひら》を返したように強硬策に訴える。それが、先述の二つの弾圧法案なのである。そしてそれが挫折したのもすでにふれたとおりである。

皇帝親政の手足のはずであるカプリーヴィ内閣との関係も、ぎくしゃくが続いた。たとえば、一八九二年に焦点となった学校改革法案の場合を見てみよう。法案成立に必要な過半数を得るため、カプリーヴィは、カトリックの中央党に対する譲歩を盛りこんだ法案を用意した。皇帝も当初はこれを了承した。しかし、法案が公になって、反教権を旗印にする自由主義陣営から強い反対論が噴出すると、ヴィルヘルムは態度を変え、宰相に法案中の譲歩を削るよう命じた。しかし、カトリック政党の賛成がなければ、議会通過は絶望的である。窮したカプリーヴィは、結局は法案提出を断念せざるをえなかった。

これと同じような経緯が、同年の陸軍軍拡法案でも、また翌年の通商条約批准でも見られた。つまり、議会への配慮を重視する宰相に対して、周辺からの反対論に影響された皇帝がぐらついて反対に回るという経緯である。つまり、カプリーヴィに皇帝の代理として政治を司《つかさど》るように命じながら、他方でその手足を縛ったに等しい。カプリーヴィが主君に対する不満と不信を募らせるのは当然であった。彼がその四年半の任期中に辞意を表明すること、一〇回におよんだ。

ここには、むら気で一貫性がないというヴィルヘルムの欠点がよく表れている。しかし、それ以上に重大なのは、彼が帝国の政治の現状への理解を欠いていたことである。

帝国議会という障害

帝国議会は当時、大雑把に言えば、保守系、自由主義系、カトリック、社会主義の四つの陣営に分かれていた。どれか単一の陣営に依存しては過半数はおぼつかなかったから、政府にすれば、諸陣営の合従連衡《がっしょうれんこう》のなかに活路を見出すしかない。ところが、時代とともにこれが次第に難しくなっていった。背景にあるのは、工業化の進展で経済的利害がストレートに政治の争点となる傾向である。平たくいえば、各種の利益団体が政党への圧力を強めたのであった。その結果、陣営間の対立が先鋭化する一方、同一党内でも政見が分化して錯綜《さくそう》した。こうなると自然、政党間の連携はむずかしくなる。

先の四つの陣営のうち、ヴィルヘルムが期待を託したのは保守と自由であった。彼はカトリックと社会主義者を蛇蝎《だかつ》のごとく忌み嫌ったからである。ただ、そのことは政治的選択の幅を著しくせばめるものであった。中央党は、カトリック教徒という固定票をもっており、そのためだいたい全議席の三割弱を安定的に維持していた。一方、社会民主党は着実に党勢を拡大しつつあった。たとえば一八九〇年の選挙では、同党は約二〇パーセントの得票を獲得し、得票率にかけては他のどの党をもしのいだ（ただし、小選挙区制のため、議席数ははるかに少ない）。

ヴィルヘルムにとって、向こうの陣営がこのように基盤を固めたの対して、こちらはといえば、状況は思わしいものでなかった。自由主義系は左右に分裂していたうえ、総じて退潮傾向にあった。また保守系は元来、プロイセン貴族を地盤とする、いわば国王直属とでもいうべき政治勢力のはずだが、この時代は争点次第では反政府的行動に出ることも少なくはなかった。

結局、宰相としては、政策ごとに諸政党と折衝し、時々の組み合わせで多数派を確保するという綱渡り的な行動をとる以外、道はなかった。カプリーヴィが行ったのはまさしくそれである。そしてそれをヴィルヘルムは妨げたのである。

もちろん、帝国議会で多数派工作に失敗すれば、法案は成立しないのはヴィルヘルムにもわかっている。それでも彼の脳裏には、議会何するものぞ、という気分がこびりついていた。彼は「赤や黒や黄色の猿どもが帝国議会のなかをうろついても何ほどのこともない」と述べたことがある。社会主義、カトリック、自由主義のシンボルカラーでもって、これらの会派を揶揄《やゆ》したのである。ヴィルヘルムは、自分は憲法など読んだことがない、と豪語したことすらある。まさか本当ではあるまいが、ただ、こうした豪語自体、憲法に拘束されないという彼の意思を示していた。

議会など歯牙にもかけないという意気は威勢よい。だが、それが実行可能かは別問題である。帝国建国時にビスマルクが普通選挙制の議会を憲法に盛りこんだとき、彼もこの点を軽視していた。議会など所詮「お飾り」にすぎず、顧慮するほどの存在にはならないと考えたのである。しかし案に相違して、帝国議会は次第に政治的比重を増し、憲法上の権限を越える存在感をもつようになった。

理由は簡単である。普通選挙制という仕組みを通じて、国民の声がここに集中したためである。帝国議会選挙の投票率を見てみよう。これは、帝政前半期はおおよそ五〇パーセントから六〇パーセント強の水準であった。ところが、ヴィルヘルムの即位あたりから数字は上昇しだす。帝政後半期では七〇パーセント台があたりまえとなり、ついに最後の一九一二年では、八四・五パーセントにまで達した。つまり、成人した国民（但し、男性にかぎるが）の一〇人に八人強が意思表明したわけである。その帝国議会を無視するのは、いわば国民全体に喧嘩を売るのと同じであった。

この現実には、ヴィルヘルムも結局は従わざるをえない。代案として彼が考えついたのはせいぜい、議会解散を断行し、あげくには憲法改正によって普通選挙制を廃止するという案くらいしかなかった。何のことはない、ビスマルクが政権末期に考えたクーデタ案と同じである。当時は、ヴィルヘルムはこれに反対したのが、ビスマルク解任後数年を経ずして、今度は自らそれを唱えるようになったわけである。

モルトケの重用

皇帝自らが政治を主導するのだというヴィルヘルムの意気込みは、とりわけ人事に明瞭に表れた。たとえば軍部に関しては、陸海軍の省部、宮廷内の武官すべてについて、ヴィルヘルムは自分の意向を反映させた。しかも、将官ら軍幹部はいうにおよばず、中級クラスの将校の異動にまで直接口をはさんだ。

ただ、ここでもヴィルヘルムの政務の特徴が表れる。人事決定に際して、候補者の経験や能力という本来あるべき尺度ではなく、当人への好悪や自分との個人的関係を優先することが少なくなかったのである。反対が出ても、人事は君主の専権事項だと言い張って我意を通す。その好例をヘルムート・フォン・モルトケ(小モルトケ)の場合に見ることができる。

モルトケは侍従武官として皇帝に扈従《こじゅう》していたことがあり、ヴィルヘルムの個人的信頼が厚かった。それで彼は、一九〇四年にモルトケを参謀次長に推した。ところが、参謀総長のアルフレート・フォン・シュリーフェンがこれに難色を示した。モルトケの能力に疑念をもっていたためである。しかし、ヴィルヘルムは反対を押しきり、モルトケ次長を実現させる。二年後、シュリーフェンが退任したとき、ヴィルヘルムは今度はモルトケをその後任に据えようとした。このときも軍幹部連が一致して反対したのだが、ヴィルヘルムが押しきった。

モルトケの軍事的才幹については、当時の彼の同僚が疑問を呈していただけでなく、現代の歴史家からも疑問符が付されることが多い。とくに第一次世界大戦の劈頭《へきとう》、彼が参謀総長として西部戦線の兵力配置に不手際な修正を加えたことが、いわゆるシュリーフェン計画の頓挫《とんざ》を招いたとして悪評が高い（もっとも最近の研究では、もともとのシュリーフェンの計画自体、兵站《へいたん》面の制約を軽視した無謀なものだったとされているが）。

しかも専門上の能力だけでなく、モルトケは精神的にいささか脆弱《ぜいじゃく》な面があり、性格的に必ずしも軍人向きではなかった。むしろ芸術家肌で、アトリエにこもって絵を描いたり、チェロを弾いたりするのが趣味だった。彼自身それを自覚しており、ヴィルヘルムから参謀総長の推挙を受けたとき、自分はその器でないからと一度は辞退したほどであった。

それにもかかわらずヴィルヘルムが彼を重用したのは、個人的な親密さがあったからである。もっともそれに加えて、モルトケという名前も大きい。モルトケは、普墺《ふおう》戦争でのケーニヒグレーツや普仏戦争でのセダンで参謀総長として輝かしい戦績をあげたヘルムート・フォン・モルトケ（大モルトケ）の甥にあたる。ヴィルヘルム2世にしてみれば、敬愛する祖父のヴィルヘルム1世をかつて大モルトケが支えたごとく、今自分には小モルトケがいる、というわけである。

だからといって、祖父が大モルトケに全幅の信頼を置いて軍事指揮を全面的に委ねたところまでは、孫はまねるつもりはなかった。ヴィルヘルム2世は、いかにも彼らしい自信過剰の口吻《こうふん》で小モルトケにこう言ったのである。平時に生じる雑務は貴下に任せる、いざ戦争となれば朕自らが参謀総長になるから、と。

人事以外にも、ヴィルヘルムの親政への意気込みは随所に現れた。何ごとにつけ、最終決定は自らが下そうとし、実際また些細《ささい》な事項にも口を出した。

一例を挙げよう。一九〇四年のことだが、ドイツ外務省に突然電報が飛びこんできた。シチリアのパレルモに滞在中だった皇帝からである。財務省に即刻連絡をとって、東方学会に三万マルクの助成金をすぐに交付するよう伝えよとのことだった。ドイツ東方学会はバビロンで遺跡の発掘調査中だったが、政府からの助成金がカットされたため、活動の停止に追い込まれていた。そこで学会は、考古学に関心の深いヴィルヘルム2世に直訴したわけである。指示を回付された財務省は、合点のいかない思いをしたに相違ない。そもそも、助成金カットは、財政緊縮のための皇帝の指示によるものだったからである。

「個人統治」

このように、ヴィルヘルム2世の姿がしばしば政治の前面に現れたから、彼の存在感は大きかった。彼のこのような統治スタイルは、当時の人びとにとっても目立つものであり、皇帝の「個人統治」という語が広く用いられた。現在の歴史学でも、ドイツ帝国の時代を二分し、前半（一八七一～九〇年）のビスマルク時代に対して、後半（一八九〇～一九一八年）をヴィルヘルム時代と称することが多い。

もっとも、実際に「個人統治」が実現していたかについては、今日の多くの研究者は否定的である。そもそも、複雑に分化した近代国家の政治と行政を一個人がカバーできる範囲はたかが知れている。どこかに注意と精力を集中させるなら、その分、他がおろそかになる。しかも、ヴィルヘルムの場合、次節に述べるように「職務怠慢」だったから、いよいよそうなる。

本来、上に立つ者は下に権限を適宜委譲し、そのうえで全体を統括するのがまっとうな方法である。だが、ヴィルヘルムはそれができない性分だった。かくして彼の注意からもれた分野では、意思決定が遅れるから事務は停滞する。もし、部下が急場しのぎに彼に代わって意思決定するなら、決定責任の所在が不明確になる。

「個人統治」は他方、側近政治と表裏一体であった。側近とは、つねに身辺にあって皇帝の意のあるところをくみ取り、それに沿って裁可のお膳立てをする人びとである。実際、案件をこのように「交通整理」する者がいなければ、政治は完全に停滞しただろう。これは、お気に入りの意見にのみ耳を傾けるというヴィルヘルムの性向にも合っていた。しかし見方を変えれば当然、側近の意向が彼の決定に強い影響を与えることは避けられないということでもあった。

有名な側近としては、前章で挙げたオイレンブルクがいる。彼が失脚した後は、高級貴族のマクシミリアン・フュルステンベルクなどがそれに代わった。侍従武官なども側近として大きな役割を果たした。さらに、ベルリンの宮廷には、「内局」とよばれる皇帝直属の部署があり、政務、軍務で皇帝を補佐したが、これら内局の長官も大きな影響力をもった。

今日、ヴィルヘルム2世時代のドイツの政治には確たる統治システムが欠けていたという見方が多い。ある研究者の言を借りるなら「指導者なきドイツ帝国」なのであった。背景には、工業化、都市化にともなって社会の利害が分化し、それが政治の表面に噴出したという状況があるし、また政治面での意思決定の調整が皇帝一人に集中していたという国制上の欠陥も見逃すことはできない。しかし、それら構造的な要因とならんで、ここまで述べたようなヴィルヘルム個人の性癖も原因にあげてよいだろう。

職務怠慢の皇帝

しかし、ヴィルヘルム2世の統治者としての資質の問題は、自信過剰の点だけではなかった。もう一つの大きな欠点は、政務への熱意不足である。こう言うと、前段で紹介した例のように、旅先からでも電報を打って指示を与える皇帝がなぜ政務不熱心なのか、といぶかる向きもあろう。実は、これは彼の一面にすぎない。

ヴィルヘルムは地味な実務が大の苦手であった。君主となれば、報告書を熟読したり、大臣や将軍と会議を行ったり、決裁書類に署名したりと、執務室にこもってこなさなければならない種々の実務がある。しかし、むら気で癇性《かんしょう》の彼には、こうした仕事が嫌でならなかった。彼は長々しい書類は側近に回してしまうか、そうでなければ飛ばし読みでしのいだ。細々《こまごま》とした報告は端《はな》から敬遠した。君主たる者、些事に溺れず、大局をこそ把握しなければならないというのが彼の言い分である。驚くべきは、新聞もまともに読もうとしなかったことである。読むとすれば、側近に切抜を作らせ、それに目を走らせる程度であった。手紙もまどろこしいとして、むしろ電報を好んだ。

だから、どんな分野にしろ、およそ知識を蓄えて精通するということがない。ところが、それにもかかわらず、自分の才を恃《たの》むヴィルヘルムは半可通のまま独りよがりの判断を下すことが多かった。周囲はたまったものではない。ある貴族は、ヴィルヘルムは「何に関しても、つまるところディレッタントのままだった」と手厳しい意見を述べている。

断っておくが、ヴィルヘルムに決して知性が欠けていたわけではない。それどころか、その記憶力のよさ、呑《の》みこみの速さは人が舌を巻くほどだった。歴史家のテオドーア・モムゼン、物理学者のヴィルヘルム・レントゲンらと交遊するなど、知的関心は広かったし、自ら科学技術の振興に多大の努力をはらった。一九一一年には、「ヴィルヘルム皇帝協会」なる基礎研究の後援団体を設立している。今日のドイツの「マックス・プランク研究所」の前身である。弁舌も巧みであった。ある大臣の言うところでは、ヴィルヘルムは「いったん熱がこもると、力強い言葉と魅惑的な論法で過去現在未来を縦横に論じ、聞き手はその魔力に我を忘れる」ほどであった。

だから、問題は知性というより性格であった。要するに、一つのことに腰をおちつけて集中することができないのである。彼の日課にもそれが表れている。七時に起きると、まずは乗馬である。二時間ほど馬を乗り回した後、朝食をとって、それからようやく執務室に入る。一時の昼食までが執務時間になる。午後や夜は謁見や行事、社交などの予定で埋まっている。したがって、ヴィルヘルムが執務室にいるのは、日にせいぜい二時間程度であった。しかも、ときには行事などの日程が午前にも食いこんできて、さらに執務時間が減る。

どう見ても、政務精励とは言えまい。プロイセン軍人精神を高らかに鼓吹《こすい》したヴィルヘルムが、自らは規律や勤勉とは縁遠かったのは皮肉である。もっとも、当時の君主たちは一般に、かなりゆったりした働きぶりだったことは勘案すべきかもしれない。オーストリア皇帝のフランツ・ヨーゼフのようなワーカホリック（判で押したように朝の四時に起床し、五時から書類の決裁をはじめ、一日中仕事にかかりきりで、昼食も執務室で書類を見ながらとったという）もいないではないが、ヴィルヘルム2世の叔父の英皇太子バーティなどは享楽家肌で、酒と女性、美食と社交にずいぶん御執心であった。従弟にあたるロシアのニコライ2世なども、国内の革命騒ぎのまっ最中でも悠々と母親とお茶を楽しんだりしている。

それに、研究者のなかには、ヴィルヘルムの仕事ぶりを弁護する意見もある。彼は自分のところに上げられてきた書類について、コメントを欄外に書き込む習慣があった。彼のこの種のコメント付き文書は今日も数多く残っており、それから考えると、彼は結構精力的に書類仕事をこなしたのではないか、というのである。

もっとも他の論者によれば、ヴィルヘルムのコメントは、圧倒的大多数が「よし！」とか「ナンセンス！」のような短い感嘆語か、あるいは俗語や卑猥《ひわい》語を使って相手をこきおろす類のものであった。文書の中味ときちんと取り組んだうえでの所見というより、書類仕事を強いられたことへの苛立《いらだ》ちを文書にぶつけただけ、というわけである。

鍛錬に怠りなし　夏期の北欧巡遊中の御用ヨット「ホーエンツォラーン号」上の光景。ヴィルヘルム２世の号令で、側近たちが朝の日課の体操の最中

旅する皇帝

しかし、ヴィルヘルムは職務への熱意という点では、やはりどう見ても統治者として落第だといってよい。というのも、前節で述べたような彼の日常的習慣のほかに、彼が無類の旅行好きだったからである。

とにかく、ヴィルヘルムは頻繁に旅に出た。ある側近のこぼすところでは、「冬の間しか」ベルリンの王宮にいないのである。国内各地に出かけては、記念行事や祝賀会に臨席したり、あるいは外国を訪問して、先方の元首や王家と交誼《こうぎ》を結んだりしていた。イギリスを頻繁に訪れたのは前にふれたとおりである。

これに加えて休暇旅行がある。ギリシアのコルフ島など地中海方面にもたびたび出かけたが、とくにお気に入りは北欧へのヨット旅行であった。気のおけない側近連をひき連れて、帝室の御用ヨットでノルウェーなどの沿岸を航行して回るのである。これは、即位した翌年から毎年欠かさずに行っている。

実際、彼はどのくらいベルリンを留守にしていたのだろうか。「冬の間しか」というのは誇張だが、ある研究者が調べたところでは、一八九七年にヴィルヘルム2世が国内の都市を訪問した回数は五七回を数えた。それにかかった日数は不明だが、当時の鉄道での行き来を考えると、国内といえども日帰りはまずなかったと考えてよい。回数を単純に二倍すると、一一四日である。また同じ年、彼はロシア、オーストリアなどを訪問しており、さらに例の北欧ヨット旅行を合わせると、合計五一日間国外にいた。とすればこの年、彼は少なくとも一六五日、一年の半分近くはベルリンを離れていたことになる。

もちろん、旅行に出るのも、たとえば公的行事への出席が目的なら、公務の一部である。しかし、いくら仕事がらみでも年に半分は度を越していよう。それに今日であれば、旅先でもある程度の事務仕事は可能だが、当時の通信状況では、いったん旅に出てしまえば、ベルリンの省庁とは連絡がむずかしくなる。つまりその間、君主の裁可を要する案件は店《たな》ざらしになるわけである。また、閣僚との接触も当然減る。信じがたいことだが、当時大臣がヴィルヘルムに謁見できるのは年に一回あればよいほうであった。

ドイツの統治機構が機能不全に陥ったとしても無理はない。

行事と演説――そして失言

ヴィルヘルム2世が旅行を好んだのは、彼の儀式好きに一因がある。威信や格式を重んじるこの人物は、自分の宮廷でも儀式にうるさかったのだが、先述の国内の都市訪問も、ほとんどが何らかの祝典行事がからんだものだった。この種のイベントに最高位の来賓として出席し、参集した公衆の注目と歓呼を一身に集めるのが、大きな喜びだったのである。他人の賞賛や敬意によって弱い自我を支えようとする彼の性向を考えれば不思議はない。

来賓であれば当然、演説をすることになる。この種の公的演説もヴィルヘルムのおおいに好むところであった。注意すべきなのは、彼はほとんどの場合、即席で演説したことである。もちろん、お付きは原稿を用意するのだが、自らの弁舌の才を恃む彼はまったく眼もくれない。その場の雰囲気で自由自在に公衆に向けて語ったのである。しかも、君主として自信満々の彼だから、当たり障りのない「祝辞」で満足するわけがない。頻繁に、ホットな政治的争点にも言及する。

それはむろん原稿の棒読みよりも聴衆にはアピールする。ただ、ヴィルヘルムはもともと、その場の思いつきに左右される質《たち》であった。さらに、眼前の相手の賞賛を得たいと思うあまり、心にもないことを口にする傾向があったことを思いおこしていただきたい。その彼が年に数十回も即席で、しかも時事的な争点を論じたりすれば、政治的失言が飛び出さないほうが不思議である。

ヴィルヘルム2世の治世は、ある意味では彼の失言の歴史だったとさえ言ってもよい。なかには、周囲の関係者が眉をひそめるだけで、大事に至らなかったものもある。しかし、世論の猛反発をひきおこした――君主の祝辞は通例、速記され、後日新聞に掲載された――ケースもまれではない。

　ここでは、好例として「フン族演説」を挙げておこう。これは一九〇〇年、中国でおこった義和団《ぎわだん》の乱の鎮圧のため、ドイツが遠征隊を派遣する際、港での出兵式典で皇帝が行った演説である。彼はそのなかで出征兵士に向かってこう叫んだ。「情け容赦は無用なり！　捕虜は不要なり！　諸君の手に陥った者は、思うがまま処分すべし！」ちょうど千年の昔、フン族がヨーロッパの地を荒廃せしめたごとくに、と。

「情け容赦は無用なり！」　ヴィルヘルム２世のフン族演説を揶揄した諷刺画

　ヴィルヘルムとしては、戦地に赴く兵士の士気を威勢のよい発言で鼓舞したかったのだろう。しかしこの文言では、公然と無差別殺戮《さつりく》を命じたのと同じである。およそ文明国の君主が公的な場で行う演説としては考えられない。この演説の後、内容を察知した政府は仰天し、大あわてで新聞社に手を回した。だが、時すでに遅しであった。この演説はそのままの表現で世間の知るところとなった。

世論は沸騰した。皇帝批判の論調が新聞に充満した。外国でも、ヴィルヘルム2世の君主としての資質を問う声があがった。結果として、皇帝の威信は著しく傷つき、君主制の権威もおおいに損なわれた。

くりかえすが、「フン族演説」でのような失言は、ヴィルヘルムにおいてはまれではなかった。最悪のものは、一九〇八年の「デイリーテレグラフ事件」である。このときの世論の激昂《げっこう》は文字どおり嵐のごときもので、ヴィルヘルムはショックで寝込んでしまい、ついには本気で退位を考えたほどであった。しかし、それについては、章を改めて述べよう。

失言の背景

ここでは、ヴィルヘルム2世がなぜ不用意な発言をくりかえしたのかを少し掘りさげておきたい。それは彼の人物像を知るうえでも重要だが、さらに、ドイツ近代史で彼が果たした歴史的役割にもかかわることなのである。

まず、彼個人の心理的次元に根ざすものがある。気まぐれという性向に加えて、強烈な自己顕示欲という要因である。膨張した自我を支えるため、彼には自分の偉大さを不断に誇示したいという衝動が著しかった。とすれば、自分こそが国家の唯一真実の支配者なのだということを見せたいがために、通常の手続きや権限を越えた発言をする、というのは容易にうなずけるところである。

注意したいのは、偉大さへの渇望は、彼のなかでは帝国への同一化と結びついたことである。ヴィルヘルム2世は、自分は何よりドイツ皇帝なのだという自己認識を強くもっていた。こう言うと、何をあたりまえのことを、と思われる向きもあるかもしれない。しかし実は、これは決してあたりまえのことではない。祖父の初代皇帝ヴィルヘルム1世がドイツ皇帝という地位を好まず、プロイセン国王号に強い愛着を感じていたのは有名な話である。ヴィルヘルム2世の心理を理解するのはたやすかろう。偉大さを誇示しようとするなら、一邦国にすぎないプロイセンより、全ドイツの帝国の君主のほうが好都合だからである。

さらに、「ドイツ」を高唱するのは、当時の社会の雰囲気からしても、必ずしもあたりまえのことではなかった。

ドイツ帝国が国家連合という性格を備えていたことを前段で述べた。注意したいのは、それが決して国制次元の話にとどまらず、人びとの心情のレベルにも当てはまったことである。人びとはまだ、自らをまず「プロイセン人」「バイエルン人」などと捉えていた。「ドイツ国民」としての統一的な意識は希薄だったのである。社会学者のマックス・ヴェーバーは、一八九五年の時点でも、国民意識という点で、ドイツが外面的な政治的統一に見合う「内的統一」をまだ完遂していないと嘆いたほどであった。

いずれにしても、ヴィルヘルム2世は皇帝位に強く執着した。彼は、公文書でも私信でも、およそ署名するときには必ず、名前の後にI．R．を付記した。これは、ラテン語の Imperator Rex の略で、つまり「皇帝にして国王たるヴィルヘルム」というわけである。

彼はまた、一八八八年に即位するにあたって、全邦国君主に対して皇帝に対する臣従を求める勅令を発布しようとした。しかし、これは国家連合としての帝国を全面否定するに等しい。憲法によれば、プロイセンを含めて諸邦の君主は対等であり、皇帝はあくまでその「同輩中の第一人者」でしかないからである。名実ともに帝国の支配者たらんとする願望は彼においてこれほど強かったのである（この勅令案は、ビスマルクが驚倒して必死に制止したので未発に終わった）。

さらに、彼の思想のなかにも不用意な発言を誘う要因があった。それは、ヴィルヘルムがいわゆる神権説的な君主観を抱いていたことである。つまり、君権は神の恩寵《おんちょう》の賜物《たまもの》にほかならないという観念である。だからヴィルヘルムは、君主は「全能の神の代理人」と考えたし、また神慮によって課された使命は万難を排しても遂行すべきだと信じていた。さらに彼は、神に選ばれたがゆえに、自分は常人にない賢明さに恵まれているとも自負していた。

時代錯誤もはなはだしい考えである。ルイ一四世のような絶対主義時代の君主ならいざ知らず、たとえばヴィルヘルム2世が模範視していた祖先のフリードリヒ大王ですら、こんな大時代的な君主観はもたなかった。叔父の英皇太子バーティがいみじくも述べたごとく、ヴィルヘルムは「生まれた時代をまちがえた」のである。

しかし、ヴィルヘルムはこの観念を毫《ごう》も疑おうとはしなかった。たとえば、一八九一年にミュンヘンを訪れたとき、彼は市の来訪簿に suprema lex regis voluntas（王の意志は至高の法なり）と記入した。これは、憲法に拘束される立憲君主としての立場をあからさまに否定したものだけに、大きな物議を醸した。あるいはまた、彼が閣僚や将軍を軽んじる言動をくりかえしたのも、自信過剰という性格的な要因に加えて、こうした君主観の発露であったといえる。

自分が世俗の法を超越した存在であり、加えて常人より賢明なのだと信じていたら、発言に注意するはずがない。というより、ヴィルヘルム自身にはそもそも「失言」という意識が希薄だったに相違ない。君主にはいかなる発言も許されるのであり、それをあげつらう世論のほうが不当なのである。

もっとも、偉大さを渇望するヴィルヘルム2世にとって、帝国ドイツの現実は必ずしも満足できるものではなかったろう。すでに述べたように、人びとの心に「ドイツ」はまだ定着していなかった。だとすれば、その分だけ「ドイツ皇帝」のもつ重みも少ないわけである。実体の乏しい称号を帯びても、自己顕示の心理的欲求を満たすものにはならない。

そう考えるなら、ヴィルヘルムが帝国の存在を定着させようといろいろな努力を払ったのは決して偶然ではあるまい。たとえば、彼が全国各地を訪れ、公衆に対する演説をしきりに行ったのも、そうした努力の一環と理解できる。元来、君主は神秘的な存在であり、公衆の面前に現れることはあまりないものである。オーストリア皇帝のフランツ・ヨーゼフなどの場合、こうした行動はかなりまれであった。それだけに、ヴィルヘルムの公的な場への登場は、皇帝と帝国の存在を人びとの心に強く植えつける格好の機会となった。

彼はまた、帝国を象徴的に代表する事物の普及に腐心した。祖父への大王号追贈にはすでにふれた。また、即位後まもなく、全土の学校に対し、ヴィルヘルム1世、フリードリヒ3世という先代、先々代の皇帝の生誕・崩御の日に記念行事を行うべしとの布告を出している。

ヴィルヘルム2世の治世下では、帝国を頌栄するためにさまざまな記念日が祝われ、祝祭行進が挙行され、記念碑が建立された。正式な建国記念日がないなかで、「セダン記念日」

（一月一八日）が、それに代わる記念日として大々的に祝われるようになったのもこのころである。これは一八七一年、普仏戦争がセダン要塞《ようさい》の陥落とともに終結したことを記念する日である。

こうした動きに、ヴィルヘルムは個人的にも積極的に関わり、ときには政務そっちのけで行事のプログラムや演出にも口を出した。彼が海軍建設に情熱を傾けたのも、部分的にはこの文脈から理解できる。陸軍がプロイセンと結びつくのに対し、海軍が帝国の存在とだぶるものだったからである。

忘れてはならないのが、映画と写真である。ヴィルヘルム2世は――ここでも封建的、尚武的な彼の通念的イメージと食い違うのだが――これら当時のハイテク・メディアに強い関心を抱き、また実際おおいに活用した。国家行事では、会場の一隅にカメラを据えさせたし、またしばしば自らも被写体になった。こうして、治世を通じて制作された彼の映像の数は何と三二〇点にものぼるそうである。というわけで、ある研究者はヴィルヘルムをさして「世界最初の映画スターの一人」と評したが、あながち的外れではない。

もっとも、写真はそれよりはるかに多く、一二〇〇〇枚を彼は所有していた。大部分は軍服姿でポーズをとる彼を写したものだが、旅行、外国訪問、軍事演習の場での横顔を捉えたものも少なくない。彼は出先にお抱えの写真師を同行させたからである。こうした写真のなかには一般販売に回されたものも多い。

おかげで今日、われわれはヴィルヘルム2世のいろいろな横顔に接することができるのだが、それ以上に重要なのは帝国のプロパガンダ手段としての意義である。皇帝としての彼を映し出すこれらメディアは、国民との接点を増やし、距離を縮めるうえできわめて効果的であった。当時のドイツでは、これらのメディアを使った大衆娯楽が生まれつつあったからである。

映画はすでに大戦前に娯楽産業として確立する段階にあり、映画館は全土に二〇〇〇館を数えた。写真にも、絵葉書という大衆マーケットが生まれていた。絵葉書の大量生産・販売が軌道に乗るのが、ちょうど一八九〇年代初のことである。ちなみに、ドイツにおいて現存の人物として絵葉書に載ったのはヴィルヘルムが最初であった。

フリードリヒ大王に扮したヴィルヘルム2世　自己顕示欲の強かったヴィルヘルムは、いわばコスチュームプレイまがいの、芝居がかった衣裳姿で写真を撮らせることが少なくなかった

もう一つメディアを介した国民との接触という意味で忘れてはならないのは、雑誌などの諷刺画《ふうしが》である。ヴィルヘルムはその言動が奇矯だったせいで、諷刺にはもってこいの対象となった。当時は君主に対する侮辱罪があったが、それにもかかわらず、彼はカリカチュアのモチーフとして頻繁に登場した。これはもちろん彼自身が意図したものではないが、しかし結果的には、諷刺画は彼と国民の接点を増やすという点で大きな貢献をしたのはまちがいない。

第二帝政期の間に、ドイツは国家連合から統一国民国家へと変貌していくことについては前にふれた。その過程でヴィルヘルム2世が果たした役割は、彼が国家の首長であっただけに、決して小さくはなかった。

この関連で思い起こされるのは、ヴィルヘルムには「艦隊皇帝」「旅行皇帝」など、メディアが奉った渾名が少なくないことである。これらは、往々にして否定的、批判的な意味合いでつけられたものではある。だが、そうであっても、渾名がつくこと自体、彼の存在が大衆の関心の的であったことを示している。さらに言えば、いずれにも「皇帝」がついているのは、帝位の存在感を高めたいとする彼のもくろみが当たったことを示しているようである。

第三章　世界帝国への夢

ロシア皇帝ニコライ２世（右）とビョルケにて（1905年）

フィンランドの島にて

「どうだろう、われわれの間でちょっとした協定を結ぶ、というのは」そう言いながら、ヴィルヘルム2世はポケットから案文の入った封筒を取り出した。ニコライ2世は、暗い表情のまま手渡された文書を黙って一度読み、さらに二度、三度と読み直した。ロシア皇帝のヨット「北極星」号の船内は静かであった。船腹を洗う波が聞こえるのみである。船室には、北欧の七月の陽光が明るく差しこんでいた。窓からは、隣に停泊する「ホーエンツォラーン」号が朝日に白く輝き、船橋に黒白赤のドイツ帝国旗がはためいているのが見える。ヴィルヘルムお気に入りの御用ヨットである。

突如、ニコライの声がした。「実にすばらしい。了解だ」ヴィルヘルムは虚を突かれた。こうあっさりとニコライが同意するとは思っていなかったからである。同時に、これが待ちに待った瞬間だと思うと、胸の高鳴りをおさえきれなかった。それでも、ヴィルヘルムはさりげなさを装って言った。「署名してはどうかね、ニッキー？　われわれの会見のいい土産《みやげ》になると思うが」。

ニコライはもう一度文面に目を走らせ、そして言った。「分かった。そうしよう」ヴィルヘルムはインクスタンドの蓋を開け、ニコライにペンを渡した。ニコライが署名し、それからヴィルヘルムが署名した。ヴィルヘルムが立ち上がったとき、ニコライは、感きわまった風情で彼を抱擁して言った。「神と君に感謝する。これは両国にとって、もっとも益のあるものになるだろう。ウィリー、君は世界中でただ一人、ロシアの真の友人だ。この戦争中、僕はずっとそう感じてきたんだが、今はそれを確信している」ヴィルヘルムも喜びのあまり、目頭が熱くなった。「今この瞬間を、われわれの双方の父祖が天国から祝福してくれていることだろう」と彼は答えた。

——一九〇五年七月二四日午前九時、フィンランド南部の小さな島ビョルケの沖合で二人の皇帝は条約を結んだ。いわゆるビョルケの密約である。

歴史の転換点か？

その数日前、恒例の夏の北欧ヨット旅行中だったヴィルヘルム2世はロシア皇帝ニコライ2世に電報を打った。ドイツへの帰途、フィンランドあたりで会見できないかと打診したのである。そして、このビョルケ島で二人は落ち合うことになったのである。

ヴィルヘルムとニコライは、隣り合う国の元首同士という以上に、個人的な交友関係が深かった。そもそもこの二人、遠い血縁であった（ヴィルヘルムは父方の祖母を通して、ロマノフ家の血をひいていた）うえ、義理の従兄弟でもあった。ニコライの妻アレクサンドラ（通称アリックス）はヘッセン大公国の公女で、その母はヴィルヘルム2世の母ヴィッキーと姉妹であった。つまり、アリックスとヴィルヘルムはともにヴィクトリア女王の孫にあたる。単に縁戚関係があるというだけでは、当時のヨーロッパの王家間では珍しいことではない。だが、ヴィルヘルムは実際に、アリックスらヘッセン大公家の従姉妹たちとは親密であった。彼は若いころ、アリックスの姉エラにぞっこんで、同家に頻繁に出入りしたからである。

こうした経緯から、ヴィルヘルム2世とニコライ2世は親密な交友を結んだ。彼らは「ウィリー」「ニッキー」と呼びあい、互いに訪問することも多く、また頻繁に個人的な手紙をやりとりした。もっとも、ヴィルヘルムから来る手紙にニコライはいささか辟易気味ではあった。アクの強いヴィルヘルムだけに、この九歳年下の、いささか気弱な従弟に対して、差し出がましい内容が多かったのである。しかしそれはともかく、両者の間には王家間ネットワークに支えられた意思疎通のパイプがあり、ビョルケでの会見はそうして生まれたものであった。

この条約には変わったところがあった。内容自体は、両国の一方がヨーロッパにおいて第三国から攻撃された場合に、もう片方はこれを軍事的に援助するという趣旨であって、この種の条約としては異様なものではない。変わっていたのは締結の経緯である。ヴィルヘルムもニコライも、大臣を一人もビョルケに同伴していなかった。君主同士がそれぞれの政府の関与しないところで直接話し合い、調印したのである（密約とよばれるゆえんである）。もっとも、ヴィルヘルムにしてみれば、これは別段妙なことではなかった。唯一絶対の統治者を自認する彼は、君主同士の合意こそが外政を動かすのだという強い信念をもっていたからである。

条約調印を済ませたヴィルヘルムは意気軒昂《けんこう》であった。彼はこの後、ベルリンにいる宰相のビューローに条約締結を報じる電報を打つが、そのなかで「一九〇五年七月二四日のビョルケの朝は、神の恩寵によって、ヨーロッパの歴史の転換点となった。わが愛する祖国にとって、大きな情勢好転となった」と高らかに自己の成果をうたっている。

大言癖のあるヴィルヘルムとしても、異様なほどの高揚ぶりである。なぜ彼は、ロシア側が締結に応じたことをそこまで喜んだのか。なぜ、この条約をヨーロッパ史の転換点というほどに評価したのか。もう一つ妙なことがある。今日の歴史理解では、このビョルケの密約はあまり重視されることはない。外交史上のちょっとしたエピソードというところである。なぜこの条約は、ヴィルヘルムの期待に反して、さほどの意義をもたないままに終わったのだろうか。

ビョルケの密約は、第一次世界大戦前の国際関係の一つの縮図であると同時に、ヴィルヘルム2世の外政を端的に表した事件でもあった。以下、それを見ていこう。

革命としての一八七一年

ヴィルヘルム時代は、ドイツを取りまく国際環境が緊張を増した時代であった。今にも戦争勃発かという空気が生じたことがまれでない。主なものを挙げるだけでも、第一次モロッコ危機（一九〇五年）、ボスニア併合危機（一九〇八年）、第二次モロッコ危機（一九一一年）がある。そしてついには、一九一四年の第一次世界大戦へとつながっていく。

これは、その前のビスマルク時代と対照的である。鉄血宰相と言われながら、ビスマルクの下では——ドイツ統一前に立てつづけに三回の戦争があった後は——対外的には平穏な状態が続いた。国内世論ではおりおり、戦争切迫をうたう、きな臭い雰囲気が生じたことはあったものの、実際に戦争が目前に迫るようなことはなかったのである。

こうした緊張の高まりの原因として、ヴィルヘルム2世の存在が挙げられることが多い。彼は、自らいわゆる「世界政策」をスローガンに唱えて、積極的な海外進出を主張した。大洋艦隊の建造など、海軍の軍備拡張も彼のイニシアティブによるものである。実際、彼の時代にドイツはアフリカで植民地を獲得し、中国では租借地を得た。さらに、いわゆるバグダード鉄道を軸に中東方面への経済的進出を果たした。

もっともわれわれは、ヴィルヘルム2世が君主の絶対的権限を標榜しながら、現実には彼の「個人統治」が内政では大した意味をもたなかったことを見た。だとすれば、外政においても同じような想定が可能だろう。実際、ヴィルヘルム時代の国際緊張は、個人の動きをはるかに越えた、構造的な原因に根ざしていた。

ビスマルク時代の対外関係が平穏だったと先に述べたが、その理由は、ビスマルクが平和外交を旨としていたからであった。彼が平和主義者だったというのではない。彼にとっての至上目標はドイツ帝国の存立を守ることであった。ただ、そのためには彼はヨーロッパで戦争がおこるのを何としても避けなければならなかったのである。

その理由は、一八七一年のドイツ帝国誕生というできごとがもつ意味にある。これは、単にドイツの国家統一が成就したというだけの話ではない。それ以上にヨーロッパ全体に深刻な変化を与える事件であった。

中世末期に神聖ローマ帝国が有名無実化して以来、数世紀にわたってドイツの地には確固たる国家がなく、小国分立が続いてきた。言い換えれば、ヨーロッパ大陸のまん真ん中に一種の政治的真空が数百年間も存在してきたわけである。このことは、ドイツ以外のヨーロッパの人びとにとっては決して不都合なことではなかった。まさしくこの真空が緩衝地帯となったおかげで、ヨーロッパ内の覇権をめぐる各国間のせめぎ合いが調整され、緩和されてきたからである。

ところが、一八七一年にそこに突如として一箇の国家が誕生した。しかも、それはフランスをしのぐ国力をもつ大国であった。つまりドイツは今や摩擦調整の場どころか、自身がヨーロッパの国際関係の能動的な担い手となったわけである。ヨーロッパの政治地図を根本から塗り替える事態である。イギリスの首相のディズレーリが一八七一年をフランス革命にまさる大革命だと評したことがあるが、けだし慧眼《けいがん》であった。

ビスマルク外交

周辺諸国は当然、新生ドイツに警戒感を強める。その際に大きな意味をもったのがドイツの地理的位置である。ドイツ帝国は七ヵ国と国境を接しており、うち三ヵ国はロシア、フランス、オーストリアという大国である。イギリスとは北海《ほっかい》で、イタリアとはスイスでそれぞれ隔てられているだけである。ドイツ側がとりわけ神経をとがらせたのが、これら隣国が対独警戒という共通の利害を軸に連携することであった。先例がある。七年戦争では、フリードリヒ大王のプロイセンは列国の対独包囲網に陥り、存亡の淵《ふち》に立たされた。

以上をかいつまんで言えば、ヨーロッパでいったん戦争がおこれば、それがドイツを素通りすることはありえない。しかも、以前のごとき政治的真空のほうが周辺諸国には好都合だということを考えれば、国際政治の力学がドイツ解体へと動く可能性が大である。だとすれば、ビスマルクが戦争を怖れたのもうなずけよう。

もっとも、平和を維持するといっても、それは容易な話ではなかった。一九世紀後半以降のヨーロッパの国際情勢で、とりわけ重みをもったのがイギリスとロシアである。前者は、世界中の七つの海に展開する大帝国であり、後者は圧倒的な陸軍力を擁する軍事大国であった。この両者はヨーロッパをいわば東西から睥睨《へいげい》する一方で、トルコ、中央アジアや極東で対立状況にあった。ドイツはその狭間《はざま》に置かれ、両国とどういう間合いをとるかが問われたわけである。

さらにドイツ帝国の外政を難しくしたのがフランスである。普仏戦争でドイツに敗れ、その結果アルザス・ロレーヌ地方を失ったことで、フランスはドイツの不倶戴天《ふぐたいてん》の敵となった。フランス人はこの国辱を片時も忘れようとしなかった。パリ市中のコンコルド広場には、失われたアルザスを悼む黒布のモニュメントが設けられ、対独復讐《ふくしゅう》への決意をかき立てていた。

だから、フランスの敵対は変えようがなかった。もっとも、フランス一国だけであれば、ドイツとしては何とか対処がきく。厄介なのは、フランスが他国、とりわけ東方の強国と手を組んで、ドイツを腹背から脅かす場合である。両面戦争を強いられてはきわめて危うい。

以上の状況をうけてビスマルクがとった方針は、第一に、他国の対独警戒をこれ以上刺激しないよう、ヨーロッパ内での領土拡大の動きを厳に慎むことであった。周辺諸国には、ドイツ統一に組み込まれずに残留したドイツ人少数派が存在した（好例は、オーストリアである）から、ドイツ帝国が今後もこれらの民族同胞を包含するような領土拡大を企てるのでは、という疑念があったためである。同じ意味で、海外での植民地獲得の自制も必要であった。

第二に、フランスを国際的に孤立させることであった。とくにビスマルクが腐心したのは、東方の大国のロシアやオーストリアとの友好を維持することである。フランスがこれらの国と連携するのを未然に防止するためである。こうしてビスマルクは、卓抜な外交手腕を縦横無尽に発揮し、錯綜する諸国の利害をうまく調整して精緻な条約網を作りあげた。

ロシアへの働きかけ

以上が、ビスマルク時代にヨーロッパの平和が保たれたからくりであった。これがそのまま維持されていれば、外交的危機が続発することはなかったろう。ところが実際には、ビスマルクの下野《げや》後、この国際秩序は崩壊していく。

大きな契機となったのが一八九一年の露仏同盟である。ロシアはそれまで、再保障条約（一八八七年）を介してドイツと結んでいたが、同条約の失効後、フランスとこの同盟を結んだ。これで、ビスマルク期の国際秩序の柱の一本が潰《つい》えた。フランスの国際的孤立が解消されたからである。しかも、フランスの相手がロシアだったから、ドイツは東西から脅かされる立場に置かれた。ドイツにとっては憂慮すべき事態である。

そこでこの事態を解消すべく、ドイツはその後、くりかえしてロシアに働きかけた。たとえば、日清《にっしん》戦争後の三国干渉（一八九五年）はその一例である。これは、日本が下関《しものせき》講和条約で清から遼東《りょうとう》半島を獲得したことについて、ロシア、ドイツ、フランスが共同歩調をとって干渉し、日本に同半島を還付させた事件である。

干渉の音頭をとったのは、満州《まんしゅう》進出を狙っていたロシアである。しかし、それを強く後押ししたのがドイツであった。東アジアで何か具体的な利益を、と考えてのことではない。ロシアがアジアに進出の矛先を向けてくれれば、ドイツとの国境でのロシアの軍事的プレゼンスが減り、ドイツにとって脅威が減じるからである。フランスが干渉に参加したのも、このドイツの動きに連動していた。ロシアとドイツがこれを機に接近するようなことがあれば、せっかくの露仏関係が薄まってしまう。それを危惧したのである。

ビョルケ密約のころも、ドイツがロシアへの働きかけを強めていた時期であった。前年の一九〇四年秋にも、ヴィルヘルム2世はニコライ2世に対して防衛条約を提案していた。このときは、ロシアは同盟相手のフランスに遠慮して乗ってこなかった。それを再度試みたのがビョルケだったのである。

「陽のあたる場所」を求めて　第１次モロッコ危機で、タンジールに上陸したヴィルヘルム２世

その背景は、と見るなら、ふたたび日本が一役買っている。日露《にちろ》戦争である。先述のとおり、ドイツにとってはロシアが東方に関心を向けるのは大歓迎である。加えて、ロシアの戦争努力を支援してロシア側の警戒心をやわらげ、独露連携につなげたいという思惑もあった。そうなれば、露仏の間に楔《くさび》を打ちこめる。

幸い、ロシアは以前ほどフランスに気がねすることはなさそうである。つい先ごろ、モロッコをめぐる危機（一九〇五年の第一次モロッコ危機）で、独仏関係は悪化の極に達したのだが、その後は好転の兆しをみせていた。ロシアがドイツと歩調を合わせても、フランスは以前ほどは過敏には反応しまい。それにフランスのほうでも、イギリスと手を結んだ（一九〇四年の英仏協商）ではないか。イギリスはロシアにとっては宿敵である。

場合によっては、フランスをこの独露連携に誘いこむこともおおいにありうる話である。三国干渉の先例もある。もしこれが実現すれば、ヨーロッパ大陸は事実上、ドイツのリーダーシップの下に統合されることになる。ナポレオンにも比すべき快挙である――ビョルケでヴィルヘルムが有頂天になったのもわかろうものである。

そのため、ヴィルヘルムは頻繁にニコライに手紙を書き、日本との戦争をあれやこれやの理屈で後押しした。いわく、日本との戦いは、キリスト教徒と仏教徒の文明間闘争であり、ロシアはアジア人種の西漸《せいぜん》からヨーロッパを防衛する天命を負っているのだと。ニコライの反英感をあおることも忘れなかった。日英同盟で日本と組むイギリスは、ロシアの戦争努力を陰《いん》に陽《よう》に妨げ、ついには敗戦によってロシアが弱体化するのを待っているというのである。

口先だけではない。ドイツは公式には中立を保ったが、背後ではロシアの戦争体制を積極的に支援した。一例を挙げるなら、バルチック艦隊がヨーロッパから遠路はるばる極東に回航する際、その先々で燃料を手配したのがドイツの巨大海運会社ハーパク社である。同社の社長アルベルト・バリーンはヴィルヘルム2世の知己だったことを付け加えておこう。

さて、打ち合わせた日にビョルケに現れたニコライ2世は見るからに憔悴《しょうすい》の体《てい》であった。無理もない。戦局には暗雲がたちこめていた。この年、一九〇五年は年明け早々に旅順《りょじゅん》が陥落し、さらに雌雄を決するはずの奉天《ほうてん》の会戦（同年三月）でも敗退した。あげくに、虎の子のバルチック艦隊が日本海海戦（同年五月）で全滅したのである。さらに、国内情勢も急速に危うくなっていた。年初にはじまった革命騒擾《そうじょう》が全土に広がり、ストライキの波が社会を揺さぶっていたのである。文字どおり内憂外患である。

ニコライは精神的にひどく追いこまれていた。藁《わら》にもすがりたい気分だったはずである。それがためについ、ヴィルヘルムのおためごかしの条約の提案にも乗ってしまったのだろう。ヴィルヘルムのもくろみは図に当たったといってよい。

イギリスとの関係

もう一方の強国イギリスとはどうであったか。

ドイツがロシアとフランスからの脅威に対抗するとなれば、自然と目が行くのがイギリスである。イギリスがロシアと世界各地で権益の拡大をめぐって対立していたことは前にふれた。また大英帝国はフランスとの間で、過去数世紀にわたってアジア、アフリカを舞台に植民地獲得競争を演じてきた。つまり、同じくロシアとフランスに敵対するという点で、イギリスはドイツにとって格好の同盟相手のはずである。

だが実際には、そのわりにはイギリスとの距離は縮まらなかった。ロシアとフランスが同盟を結んだ後も、独英関係に大した進展はなかった。背景としてはむろん、イギリスの孤立政策を考える必要がある。ヨーロッパ大陸で各国が覇権をめぐってしのぎを削っているなかでも、自らは「栄光ある孤立」の旗印の下、どことも組まない、というのがイギリスの伝統的な外政方針であった。ヨーロッパ諸国がにらみ合っている間に、自らは海外での植民帝国の維持、拡大に注力しようというのである。

しかし、独英の接近が進まなかったのは、ドイツ側から積極的な働きかけがなかったことも大きい。その根底には、イギリスの孤立政策ももう長くはないというドイツ側の読みがあった。近年、アメリカやドイツなど後発国の追い上げにはめざましいものがあり、大英帝国は往時の輝きを失いつつある。イギリスが孤高を放棄して他国との提携にふみきるのは早晩避けられまい、と。

ところでヨーロッパは目下、二つの陣営に割れている。一方では露仏同盟があり、他方にはドイツがオーストリア、イタリアと結んだ三国同盟がある。先述のごとく、イギリスはロシア、フランスとの間に根深い対立をかかえている。だとすれば、イギリスはドイツと組むしかない道理である。ほうっておいても先方からすり寄ってくると分かっているなかで、何もこちらから進んで同盟を安売りすることはない――ドイツ側はこう考えたのである。時はドイツに味方するのだから。

この読みはたしかにまちがってはいなかった。イギリスは実際、その後まもなく孤立政策を放棄する。一九〇二年の日英同盟の締結である。事実、イギリスの政界にはこのころドイツに秋波を送る動きもあった。しかし、ドイツ側は熱意を示さなかった。また、世紀転換期に一時、独英間で同盟交渉の話が浮上した（ちなみに日英同盟は、この独英間の接触で生まれた機運が発展したものである）こともある。だが、ドイツ側が気乗り薄だったため、話は進展しなかった。

反古になった密約

こうして見れば、ドイツの外政は結構読みどおり進んでいたといえそうである。ドイツは露仏の両面脅威を中和しつつ、英露の対立という大きな地政学的状況のなかで一定のフリーハンドを得ていたからである。ところが実際には、ドイツはこの後外交的に追いこまれ、最終的には英仏露の三強国にとり囲まれる体になる。なぜうまくいかなかったのか。

まず、ビョルケの密約である。これが実らなかった直接の理由は簡単である。ドイツ、ロシア双方で政府が了承しなかったためであった。調印は君主同士がそれぞれの政府をよそに独断で行ったものであり、ベルリンでもペテルスブルクでも、政府は後になって条約の内容を聞かされた。

ロシア外相ラムスドルフは密約締結を知らされると即座に、露仏同盟とあいいれないとして強い異議を唱えた。これに対して、ニコライはフランスもこれに参加させれば、と考え、フランスの意向を打診させた。だが案の定、フランスも猛反対であった。こうして、せっかくの密約は政府の反対にぶつかって、宙に浮いてしまった。専制君主ツァーであるニコライは閣僚たちを意のままに動かせるはずとヴィルヘルムは考えていたが、大きな勘違いであった。

もっとも、ヴィルヘルムにニコライを責める資格はなかった。自分の足元でも事情はまったく同じだったからである。宰相のビューローは条約の内容を知るやいなや、これに猛反対した。もっとも、ロシアと提携することを問題視したのではない。対露接近にはビューローも賛成だったし、また今回ビョルケで皇帝同士がそれに向けた折衝を行うことも事前に了承していた。

宰相が憤ったのは、ヴィルヘルムが単なる折衝を越えて条約締結まで事を進めたことと、しかもその際、ロシア側が呑みやすくなるよう、独断で内容を修正したことだった。具体的に言えば、条約の適用範囲をヨーロッパに限るという一節を、調印にあたってヴィルヘルムは書き加えたのである。

これではロシアと提携する意味は何もない、というのがビューローの言い分であった。条約はそもそもイギリスに対抗するためのものである。ヨーロッパ内では、ロシアはイギリスに直接の脅威を与える位置にない。ロシアがイギリスを牽制《けんせい》できるのは唯一、南進して大英帝国のかなめのインドを脅かす場合のみである。ヴィルヘルムの修正は、その可能性を無にしてしまう。

ビューローは憤然として辞任を申し出た。驚いたヴィルヘルムは懸命に慰留した。第一章で紹介したヴィルヘルムの哀願調の手紙はこのとき書かれたものである。これをうけて、さすがにビューローも辞意撤回に応じる。

ちなみにビューローについて一言述べておこう。以上のような経緯からは、彼が筋を通す硬骨漢のように見えるかもしれない。しかし事実はその逆で、彼は機を見るに敏な出世主義者として有名であった。そこで、ついた渾名が「ウナギ」である。進退自在で捉えどころがないというわけである。密約に反対したのも、内容自体の問題ばかりではないらしい。一説によれば、度重なる皇帝の独走に苦汁をのまされてきた彼は、これを機にお灸《きゅう》をすえておこうと考えたからだという。

いずれにしても、密約は結局棚上げとなった。

外政家ヴィルヘルム

こうして、ビョルケは単なるエピソードに終わった。しかし、ヴィルヘルム2世の外政のスタイルが浮き彫りになっている点では、密約は興味深い。

ヴィルヘルムは、およそ何事につけても自ら采配《さいはい》をふるいたがったが、とりわけ外政ではそれが目立った。自国の命運をかけて他国と渡りあうことこそ、君主たる者の天職だと考えたからである。だから彼は、諸国の元首や要人と頻繁に会談し、メディアで外交上の発言を積極的に行った。ニコライ2世と二人だけで条約調印を行ったのも、外政上の意思決定は君主の専権事項だという思いこみがあったためである。

壮大な時代錯誤である。ヴィルヘルムもち前の絶対主義的な君主観がここにも反映している。この時代、外交の世界では、宮廷文化の残り香ただよう古典外交の時代が終わって、大衆外交の時代に突入しようとしていた。外政も大衆の支持なしには不可能であり、それどころか情動的な世論に左右されかねない状況すら生まれつつあった。ところが、ヴィルヘルムは、いまだに君主一人が和戦を決断しうる時代だと考えていたのである。

さらに彼には、相手国側の利害を冷静に把握しようという意欲が乏しかった。ヴィルヘルムは、ドイツ側が友好姿勢を示せば、それだけでロシアを引きよせられると考えた。ロシアのフランスへの依存関係を完全に軽視していたのである。この種の一方的な思いこみや希望的観測に偏るという傾向が、彼の外政上の言動にはよく見られる。あえて言えば、彼は下手な将棋指しに似ている。相手はこちらに好都合な手を指してくれるものと決めこんで読みを重ね、相手がそれと異なる手を指すと怒りだす、というわけである。

ヴィルヘルム2世の政治スタイルはそれとして、もし仮にビョルケの密約が成立したとしても、どれだけ長くもったかは疑問である。バルカンを舞台にオーストリアとロシアの摩擦が激化する一方だったからである。オーストリアはドイツ帝国にとって、ヨーロッパで唯一信頼できるパートナーであった。そのオーストリアはバルカン方面への進出をしきりに画策していた。当然、ロシアとの対立は激しくなる。ただドイツとすれば、オーストリアに加担する以外に選択はない。その分、ロシアとの溝は深まる。

ビョルケの蹉跌《さてつ》は対露関係の悪化を加速させた。密約をめぐる空騒ぎは、ロシアのドイツへの不信感を強める結果におわった。露仏間は疎隔が生じるどころか、かえって連携が強まった。その証拠に、第一次モロッコ危機を収拾するために開かれたアルヘシラス会議（一九〇六年）では、ロシアはフランスを支持してドイツの孤立化に手を貸した。ドイツ側の態度も熱が冷めた。一九〇八年のボスニア併合問題で一触即発の危機が生じたとき、ドイツはロシアに強い圧力をかけて譲歩を強い、面子《メンツ》を失わせた。ついでながら、「ウィリー」と「ニッキー」の個人的交友もビョルケ以降は薄れていくのである。

大海軍への夢　ヴィルヘルム２世自筆の水彩画「艦隊決戦」

「艦隊皇帝」

ロシアとの関係悪化に加えて、イギリスとの間でもぎくしゃくが目立つようになった。最大の理由はドイツの海軍建設である。

ドイツは海岸線が短い国で、だからもともとはこれという海軍をもたなかった。プロイセンはすぐれた軍事力でヨーロッパ全土に名をとどろかせたが、しかしそれは陸軍国としてであった。ところが、世紀転換期あたりから大々的な海軍建設に乗りだすのである。その原動力が皇帝ヴィルヘルム2世であった。

彼は、プロイセン軍国主義の申し子でありながら、早くから海軍――むろん同時に陸軍にも、なのだが――に強い情熱をもっていた。少年のときに両親に連れられてイギリスを訪問したとき、海軍基地でイギリス艦隊の威容を見て魅入られたのがきっかけらしい。それ以来、海軍への関心は増すばかりであった。

だから即位するとまもなく、ヴィルヘルムは帝国海軍省を創設させた。陸軍がプロイセンなど邦国の管掌下に置かれたのとは違って、これは帝国の省庁である。また、当時流行していた海上権力論などの著作にも自ら親しみ、「わが国の将来は海上にこそある」などと演説でうたいあげるようになった。この信条を実現すべく、彼は大海軍の建設を情熱的に進めた。「艦隊皇帝」の異名を奉られたゆえんである。

彼の海軍への関心は、政治上、軍事上の考慮というより、個人的な思い入れに根ざしていたところが少なくない。いつの日か、自前の大艦隊を提督として指揮したいという夢が原動力だったのである。あえて言うなら、艦隊は彼の一種の玩具であった。実際、一九〇四年に叔父バーティ（このときはすでに即位して英国王エドワード7世）がドイツを訪れた際、わざわざドイツの全艦隊をキール港に回航させて見せびらかすなど、ヴィルヘルムのふるまいはどこか子どもじみている。

また以下に述べるように、建艦政策はイギリスとの間に摩擦を生んだ。そこで摩擦回避のため、両国間で一再ならず軍縮の機運が生じたが、ヴィルヘルムはつねにそれを一蹴した。いわく、わが海軍力の制限を策すなら、それは「ドイツとの戦争を意味すると知るがよい」と。大好きなおもちゃには指一本触れさせたがらない子ども、と言えば言いすぎだろうか。

おそらく、個人的な思い入れの裏には、第一章で述べた彼のイギリスへの秘かな愛着が作用していたのだろう。海軍といえば、典型的にイギリス的なるものである。それを所有することで、自分もよりイギリス的になりたい、あるいはその点でイギリス側に認められたいという欲求が内奥で彼を動かしたのである。

ヨット旅行といい、海軍といい、ヴィルヘルムは海に強い愛着を示した。ところがその彼が、実はすぐに船酔いする質《たち》だったのは皮肉である。もっとも、生理的な反応にも頓着しないほど、彼のイギリスへの愛着は強かったともいえる。

大英帝国の反発

ヴィルヘルムが夢の実現に向けて実務を託したのが、海相アルフレート・フォン・ティルピッツである。彼の下で、ドイツは一八九八年の艦隊法を皮切りに、数次にわたって艦隊建造のプログラムを定めて軍備増強を進めた。その結果、一八九六年には戦艦六隻、巡洋艦四隻だけ、という貧弱なドイツ海軍は、第一次世界大戦直前にはそれぞれ六一隻、四〇隻を数える大艦隊に成長した。

海軍力の整備と並行して、ヴィルヘルムは「世界政策」のスローガンの下に積極的な海外拡張を唱えた。ドイツはビスマルク時代、彼の外政方針の一環として、海外での領土獲得を自制してきた。ところがヴィルヘルム時代には、ドイツはこの方針を放擲《ほうてき》して、アジア、アフリカ、中東などで権益拡大に努めるようになった。一八九六年に、ヴィルヘルムは「ドイツ帝国は今や世界帝国になった」と豪語する。ドイツが当時保有していた海外領土の規模などから見て、「世界帝国」というのは誇張がすぎるが、ただ彼の意気込みのほどはよくうかがえる。

刺激されたのがイギリスである。海洋帝国としてのイギリスの覇権を支える柱は、その比類ない海軍力にあった。その戦力は、海軍力第二位と第三位のフランスとロシアが束になってかかってきても持ちこたえられるという、いわゆる「二国標準主義」の高い水準にあった。それが今、ドイツの台頭で危うくなってきた。ドイツが、その企図どおりにイギリスの三分の二まで戦力を高めたらどうなるか。自国の覇権に対する真っ向からの挑戦とイギリス側が見たのは当然である。

その結果、独英関係はそれまで小康状態が続いていたのが、世紀転換期前後より次第にあやしい雲行きとなった。はっきりした転回点となったのは、一九〇四年の英仏協商である。それまで数世紀、植民帝国同士として世界各地で争いを続けてきたイギリスとフランスは、ここで手を握った。これでフランスはさらに一歩孤立から脱し、ビスマルクの築いた国際秩序はいよいよ影が薄くなった。そして、先述のアルヘシラス会議（一九〇六年）では、英仏間の離間を策したドイツの計算とは裏腹に、イギリスは明快なフランス支持の姿勢を打ちだしたのである。

経済大国としてのドイツ

もっとも、独英関係が悪化した原因を軍事対立だけに求めるのは適当ではあるまい。むしろ、ドイツの急速な経済発展の結果、ドイツとイギリスの相対的な立ち位置が変化したという全般的事情を考えるべきである。すなわち、新興国ドイツの台頭に直面して、旧来の覇権国たるイギリスは反発と焦燥を感じざるをえなかった。それが根底にあったと考えてよいのではないか。

ドイツが経済大国化したのがまさしくこの時代であった。一九世紀前半に点火した工業化は世紀半ばに本格化し、テンポを速めていった。その結果、世紀半ばから第一次世界大戦までの半世紀強の期間――これは、ほぼ帝政ドイツの時代にあたる――に、ドイツの経済規模は四倍弱に成長し、ことに工業の伸びは六倍近くにおよんだ。人口構成も変化した。帝国建国のころは、ドイツ人の半数強が農業で生計を立てていたのが、世界大戦前夜には国民の三分の二が商工業に従事するようになっていた。つまり、わずか半世紀の間に、ドイツは農業国からヨーロッパ随一の工業大国へと躍進したのである。経済成長に並行して通商も発展した。ドイツの輸出入の伸びは著しく、その結果一九世紀末には、ドイツはイギリス、アメリカに続く貿易大国にのしあがる。

この経済的興隆の極点にあたるのがヴィルヘルム時代である。一八九〇年代半ばから第一次世界大戦前夜は、ドイツ経済がとりわけ好調な時期だったからである。言い換えれば、彼の治世は好景気に沸きつづけた時代であった。

ドイツの経済発展の圧力を肌で感じたのがイギリスである。かつては産業革命の母国とされたこの国も、経済の成熟とともに活力は衰え気味であった。世界各地でイギリスがおさえていた輸出市場は、次第にドイツに侵食された。それだけではない。ドイツ製品はイギリス本国にも大量に流入した。今日からは考えられないだろうが、当時のイギリスでは「メイド・イン・ジャーマニー」といえば、粗悪輸入品の代名詞であった。かくして貿易摩擦が激化した。

イギリスを脅かしたのは安価な汎用《はんよう》品にかぎらない。むしろ時代の最先端部門でのほうが、イギリスの劣勢は目立った。当時のハイテク部門といえば、まず挙げられるのが電機と化学だが、この両部門で世界をリードしていたのが、高度な技術力をもつドイツであった。わけても化学はドイツの独壇場であった。たとえば、当時全世界で生産される合成染料のうち、なんと九割がドイツ製だったというから、圧倒的な競争力である。

斜陽の覇権国が、新興国がめざましいスピードで台頭するさまを見る眼差《まなざ》しは、いつの時代にも複雑である。そこに軍備増強のようなあからさまな挑戦的行動が加わるなら、嫉妬は容易に反感に変わる。ドイツは当時、イギリス人にこんなふうに受けとられていたはずである。

傲慢なドイツ人

ドイツの経済的躍進は、ドイツの側でも人びとの心性に大きな変化をもたらした。ドイツ人には元来、イギリスやフランスに対する劣等感が根強い。これら西欧諸国の文明的洗練に比して、自分たちの生活慣習や文化は粗野だという引け目である。ところが今、その自分たちは目覚ましい発展をなしとげた。諸外国からも賛嘆されるほどの成功である。だとすれば、われわれは何も他国に遠慮することなどあるまい、自信をもって、もっと堂々とふるまってもよいのではないか——そう人びとが考えるようになるのは自然の趨勢《すうせい》である。

だが、長年の劣等感は一朝一夕で拭いきれるものではない。それにもかかわらず、強いて自己肯定に努めるものだから、結果的に優越感がしばしば過剰に発揮されることになる。高《こう》坂正堯《さかまさたか》いわく、ドイツ的心性に特有の「劣等感=優越感のアンビバレンス」である。こうして、ドイツ人といえば、尊大、傲慢というステレオタイプが生まれた。

実際この時代、ドイツ人の評判はよくない。世界大戦開戦前後にアメリカの駐独大使を務めたジェイムズ・ジェラードは、ドイツ人は他国でははっきりと嫌われていると断言している。日本人の間でも当時、嫌独感をもつ者は少なくなかった。一般にはよく、日独は近代を通して友好的だったと考えられがちだが、実はこれはかなり「神話」である。国のレベルでは交流が繁《しげ》くても、人びと同士が近づくとはかぎらない。

例として、武者小路公共《むしゃのこうじきんとも》を挙げよう。武者小路は、後に一九三〇年代に駐独大使として日独枢軸の形成に大きな役割を果たす外交官だが、この当時、ドイツ人は「自我心の強くして傍若無人を敢《あ》えて憚《はばか》らざる点に就いては、非常に不愉快」であり、ドイツ滞在が長くなればなるほど、ドイツ人への嫌悪が強まると述べている。政治学者の吉野作造《よしのさくぞう》も、ドイツ人の「世界共通の礼儀を顧みない傍若無人の行動は、まるで文明人の遣方《やりかた》でない」と手厳しい。

ドイツの傲慢な「国民性」を体現していると見られたのがヴィルヘルム2世である。彼は日本ではとみに悪評が高かった。黄禍論《こうかろん》を唱えたり、とくに日本への攻撃的な言辞が多かった――彼は、日本人を悪魔だと言ったことがある――ためだろう。当時、ドイツに留学していた宗教学者の姉崎嘲風《あねさきちょうふう》などは、ヴィルヘルムを激しく憎悪し、この皇帝が生きている間は二度とドイツの地は踏むまいと誓ったくらいである。

思いきった言い方をするなら、ドイツは国をあげて自信過剰に陥っていた。ただ、その優越感の陰には劣等感がひそんでいたし、それはとくに挑戦相手であるイギリスに対する感情を複雑なものにした。一方で老大国何するものぞ、という自負もあれば、しかし他方ではドイツを対等の相手として遇してほしいという願望もあったからである。

それだけに、イギリスの側でドイツを快く受け入れようとする気分が乏しいとなれば、イギリスへの反感はかえって募ることになろう。

外交失敗の責任

さて、ドイツはロシアに続いて、イギリスとも関係が悪化した。いうまでもなく、フランスとは積年の対立がある。英露協商の締結（一九〇七年）によって、これら三国間の提携はちょうど三方からドイツを囲む形を整えた。第一次世界大戦の構図がここに生まれる。

明らかな外交の失敗である。ドイツの指導者たち、具体的にいえば皇帝ヴィルヘルム2世をはじめ、外相や宰相を歴任して外政をつかさどったビューロー、外務省内では参事官の地位ながら、黒幕として大きな発言力のあったフリードリヒ・フォン・ホルシュタインらの責任は重大である。

とはいえ、彼らの力量のなさだけで問題を片づけるのは単純すぎる。たしかにビスマルクの外交手腕は抜群だったが、ただ仮に彼が解任されずにいたとしても、こうした事態を避けられただろうか。

先にビスマルクが築いた国際秩序の説明をしたが、実は彼自らが、すでにその崩壊に手を染めていた。対外進出を自制すると称しながら、ドイツ帝国が植民地獲得に乗り出したのも、中東方面への経済進出をはじめたのも、ともに彼の時代のことである。ロシアとの関係悪化も、もとはといえば、ベルリン会議（一八七八年）でビスマルクがロシアのトルコ進出をしりぞけたのが発端である。

加えて、外政という分野の変質がある。先に大衆外交の時代の到来ということを述べた。近世以降、ヨーロッパの外交ではもともと、貴族出身の外政家たちが主役であった。彼らは一方で、それぞれ自国の利害を貫くべく交渉の秘術をつくしたのだが、他方では、相似た出自や価値観をもつ「同業者」でもあった。だから彼らの間では、厄介な案件を処理するにあたって、わざと白黒つけずに仲間うちの阿吽《あうん》の呼吸で、というやり方が可能であった。ビスマルクはその達人であった。

ところが、政治の大衆化という時代の傾向は外政にもおよんできていた。自国の外交姿勢に大衆の支持をとりつけるためには、政策は「わかりやすい」ものでなくてはならない。また、他国に対する交渉力を高めるために、ときには単純なスローガンやステレオタイプで国内の大衆世論を焚《た》きつけることも必要になる。いずれにしても、秘密協定やサロンでの秘かな交渉だけではやっていけなくなりつつあったのがこの時代である。

国をあげての自信過剰

つけ加えておきたいのが、先に述べた、国をあげての自信過剰という時代の雰囲気である。ビスマルク外交は一言でいえば、自制の外交であった。しかし、人びとの間に国民的自信が沸きたってくると、発想が変わっていく。国力に見合った権益を求めても当然ではないか、という考えが生じる。外相だったビューローが一八九七年に議会演説で述べたように、われわれドイツにも、他のヨーロッパ諸国と同様、世界のなかで「陽《ひ》のあたる場所」を求める権利があるはずだ、と。

ヴィルヘルム期のドイツでは、ビスマルク時代に比べて、思いきった外政行動が目立つ。大戦前に続発した外政的危機も、ほとんどはドイツの冒険的行動が原因であった。外政を担当する当局者自身が自国の立場や力量を過信したという面はたしかにある。しかし他方、彼らの「断固たる」外交行動が自信過剰の国民に喝采で迎えられたという面を忘れてはならない。こうして、冒険的政策が国民の間の排外風潮をあおり、今度はそれが逆に外政を左右するというスパイラルが生じた。

たとえば海軍である。たしかに艦隊はヴィルヘルム2世の個人的思い入れの産物であった。

だが、だからといって艦隊建造が彼一人の力で進められたわけではない。国民から熱狂的な支持があったればこそ、巨額の国費をつぎ込む建艦プログラムを数次にわたって成立させることができたのである。大衆的支持がいかに強かったかは、艦隊協会を見るとわかる。これは建艦キャンペーン推進のために一八九八年に結成された民間団体だが、一〇年間で会員数が百万を越すところまでふくれあがり、帝政期有数の圧力団体となった。

当時のドイツでは、国権拡張は当然至極の政策だと思われていた。マックス・ヴェーバーは、自由主義的な市民階級の代表格といえる知識人だが、その彼も、他の西洋諸国に対抗して「世界権力政治」を追求するよう強く主張した。海外膨張するつもりがないなら、ドイツが一八七一年に統一をする必要などそもそもなかった、とまで言いきっている。このように、有産者、知識層を先頭に、国民はもろ手をあげて国威発揚を待望したのである。

国権の標榜と表裏の関係にあったのが、イギリスへの反感である。国民的自信を謳歌《おうか》する人びとの間では、イギリスは仇敵のごとく見られた。若きドイツに嫉妬し、その国運発展を邪魔しようとする旧秩序の権化だというのである。

興味深いのは、往々にして国権拡張への期待が皇帝ヴィルヘルム個人に投影されたことである。彼の「雄々しい」言動は、ドイツの躍動する国力を象徴しているように受けとられた。ヴィルヘルムはたしかに、しばしば世論の攻撃の的となった。先に述べたヴェーバーなど、ヴィルヘルムは政治家というに値せず、単なる「ディレッタント」にすぎないと切りすてている。

しかし、世論をリードする有識者層から目を移して大衆の間の雰囲気を見るなら、話はちがった。この時代、警察の密偵が酒場で庶民の交わす会話に耳をそばだて、世間の動静を監視することがよく行われたのだが、こうした密偵の報告を見ると興味深い。酒場談義ではヴィルヘルムの人気は結構高かったのである。労働運動や社会主義をヴィルヘルムは蛇蝎《だかつ》視していたのだが、しかし労働者の間ですら皇帝をこきおろすような発言はほとんど見られなかったという。付け加えておけば、前章で述べたように、映画や写真などの最新メディアを通じて、彼と大衆との距離が近かったことが、ここで大きな役割を果たしたはずである。

ヴィルヘルム2世の自信過剰は、たしかに個人の性格や君主としての資質という面ではおおいに問題があった。しかし、国民の間に広まっていた空気という点で言えば、彼は明らかに時代とともにあった。

「あれもこれも」

外観とは違って、ヴィルヘルム2世が帝政期のドイツ外交で果たした役割はさほど大きくなかったというのが、今日の定説である。彼の姿が前面に立つことがあっても、それは外政当局の振りつけによることが多かったし、また彼の独断専行が限度を越えれば、政府からブレーキがかかった。とはいいながら、彼はやはりドイツ外政の顔であり、そのかぎりでヴィルヘルム個人の責任はやはり重いものがある。

彼は、外政こそ自分の本領を発揮する領分と考えていたのだが、移り気、首尾一貫性の欠如という彼の欠点はここでも明らかであった。たとえば、海軍の建設にあれほどの情熱を傾けた一方、ではその海軍をどう使うのかという戦略面では、彼には固まった考えがなかった。「世界政策」にのっとって植民地など海外利権の拡大に役立てるのであれば、機動力のある巡洋艦隊が望ましいはずである。いざ戦争という場合は、敵国の通商破壊にも投じることができる。実際、ヴィルヘルムも当初はこの考えに傾いていた。

ところが、実際に彼の後援の下で海相ティルピッツが建造したのは、戦艦を軸にした大洋艦隊であった。狙いはイギリス海軍との正面対決である。もっとも、艦隊決戦でイギリスを破るほどの力をつけるのはむずかしい。しかし、勝てなくても、イギリス側に手ひどい損害を与える見込みがあれば、イギリスはドイツに対する行動を自制せざるをえなくなるだろう――これがティルピッツの考えであった。つまり、海軍は抑止力という政治的武器であった。

では、ティルピッツのこの考えに、結局ヴィルヘルムも同じたのか。実はそうでもない。というのも、ヴィルヘルムは「世界政策」の号令下、艦隊を植民帝国建設に不可欠の手段だと言いつづけたからである。

先に、艦隊はヴィルヘルムの玩具だったと述べた。たしかに、このようにどう使うかも考えず、ただただ欲しいというだけなら、その誹《そし》りはまぬかれまい。しかも、艦隊は別の意味でも結局、玩具であった。というのは、第一次世界大戦がはじまり、いよいよ本領発揮という時が来ても、実は艦隊は戦力としてこれという役割を果たさなかったからである。あれほどの国費を投じて建造されたドイツの戦艦は、イギリスに押さえこまれて、ほとんど軍港に逼塞《ひっそく》したままに終わった。

さらに根本的に、ドイツの国権拡張についていかなるヴィジョンをもつかという点でも、ヴィルヘルムは一貫していなかった。自国の将来は海上にあるとうたいあげたかと思うと、その一方では、彼は側近のオイレンブルクに対して、自分の目ざすところは「一種のナポレオン的覇権」だと打ち明けている。大戦直前にも、フランスを含めた五ヵ国ほどで「ヨーロッパ合衆国」を建設するという案を云々《うんぬん》したことがある。つまり、ドイツの主導下でヨーロッパを統合しようという野心を、ヴィルヘルムは捨てていなかったわけである。

大陸覇権路線を追求するとなれば、鍵になるのは陸軍力である。しかし、いかに経済大国ドイツといえども、陸海軍双方を同時に一線級に整備するのは無理である。結局彼は、現実の裏打ちなしに「あれもこれも」と望んだだけにすぎなかった。

「日替わり」の外政

優先すべき目標を選びだし、それをたゆまず追求するという戦略的な思考は、ヴィルヘルム2世には縁遠かった。むしろ、ほとんどその日の気分次第で、といいたくなるほど、彼の意見の変転は目まぐるしいものがあった。

たとえば、一九〇八年という一年を見てみよう。この年二月に彼はイギリス海軍大臣に対して私信を書き、ドイツの建艦政策は決して反英的な意図によるものではないと釈明した。ドイツの海軍がイギリスに対抗するためのものだというのは、だれの目にも明らかだったから、妙な手紙である（ちなみにこの手紙、例によって宰相のビューローにも海相のティルピッツにも無断で出されたものであった）。ヴィルヘルムは、時間稼ぎを考えていたのかもしれない。自国の海軍力が完備されるまではイギリスと事をかまえるのを避けるため、当面は相手をなだめておこう、という目論見《もくろみ》である。ともかく真の意図はどうあれ、この手紙は、友好的な調子でイギリス側の警戒心を解こうという論調で一貫している。

ところが七月、米人ジャーナリストとのインタビューで、彼は二時間にわたって激烈なイギリス攻撃の言辞を展開する。いわく、イギリスはドイツを徹底して敵視し、滅亡させたがっている。わが国は喜んで受けて立とう。雌雄を決するなら早いほうがよい云々、と。幸い、このインタビュー記事はさし止めが間にあったが、それでも内容は各国当局には筒抜けであった。第一、インタビューに応じた以上、当のヴィルヘルムは自分の発言が公になることは承知のうえだったはずである。

翌八月には、彼はイギリス外務次官のハーディングと口論した。ハーディングがドイツ側の建艦の抑制を求めたのに対して、ヴィルヘルムは、艦隊は決してイギリスを脅かすものでないのだから、その必要はないと突っぱねた。それでもなおも軍縮を求めるハーディングに、ヴィルヘルムは喧嘩腰であった。「それならもう、戦争で結着をつけるしかないな」とすごんだのである。

ところが、このイギリスへの強面《こわもて》がまたまた一転する。一〇月、自分がいかにイギリスに親愛の情を抱いているかを縷々《るる》述べたヴィルヘルムのインタビューが英紙『デイリーテレグラフ』に載るのである（これについては後述する）。

つまり、ヴィルヘルムの言動はわずか数ヵ月の間に親英と反英を行ったり来たりしている。ことにイギリスに対しては、幼少期以来の彼個人の愛憎のもつれがあるだけに、好悪の振幅は大きい。だがそれ以外の分野でも、彼が唐突に方針を変更したり、あるいは主張のトーンを急変させることは少なくなかった。右往左往するのが外務当局である。外務省の実力者ホルシュタインは、この皇帝の下ではわずか半年の間に政策が二転三転すると歎息《たんそく》した。むべなるかな、である。

問題発言の連発

普通、一人の人間の考えがここまで頻繁、急激に転回するとは考えにくい。ヴィルヘルムの場合も案外、表面上ではさまざまな意見を口に出しつつも、実は本心は一定であったのかもしれない。ただ、よしんばそうであったとしても、意見は、口に出してしまえば一人歩きする。しかも、余人ならぬ一国の君主の発言である。

この点がヴィルヘルムの大きな問題であった。自らの生煮えの考えを頓着なく外に向かって表明することがしきりだったからである。今述べたイギリスとの関係でもそうだが、相手側の政府要人やジャーナリズムに対して、彼は気分にまかせて自説を言いつのった。自分の発言が眼前の相手や世間にどう受けとられるかについての感覚が、彼には欠けていたとしか思えない。

一九〇四年一月末、ベルギーのレオポルド2世が自分の誕生祝いに訪独してくれたとき、ヴィルヘルムは驚くべき発言で相手の度肝を抜いた。ちょうど、日露間で風雲が急を告げつつあった時期である。ロシアが極東で手を取られるなら、その間フランスは孤立無援になる。仇敵を叩《たた》くには絶好の機会である。というわけでヴィルヘルムは、レオポルドに一緒にフランスを攻めないかと提案したのである。見返りに、ベルギーにはフランス北部の領土を約束するという。

他国に戦争をしかけるという話を、何の下交渉もなく、唐突に持ちだしたのである。まるで、テニスでも一試合どうかね、と誘うがごとき気軽さである。ベルギー国王のほうは事の由々しさにすっかり周章狼狽《しゅうしょうろうばい》してしまって、席を立つとき、帽子を後ろ前にかぶったことも気づかなかった。

しかもその数日後、ヴィルヘルムはまた問題発言をする。今度の相手は、オランダ女王ウィルヘルミナの夫君である。ただ内容は、ベルギー国王への提案とは正反対であった。すなわち、日露間で開戦となると、イギリスは日英同盟のよしみで日本に加担するだろう。その場合、ドイツはフランスと語らってロシアを支援するつもりだ。こうなると独英間でも戦火は避けられない。その場合、間に立つオランダはどちら側につくつもりか。今のうちに立場を明らかにせよと、ヴィルヘルムはこう迫ったのである。

わずか数日の間に、戦う相手がフランスからイギリスに変わっている。当時のドイツにとって、ロシア（と同盟相手のフランス）かイギリスかという二者択一が最大の外政の焦点だったことを考えると、これは一八〇度の方針転換である。しかも、これほどの重大事を外国の君主を相手に平然と語り、あまつさえ、明日にでも開戦がさし迫っているかのような口吻でせき立てる。当然のことだが、ドイツ皇帝のこうした発言は、外交ルートを伝ってロンドンやパリなどにすぐに知れた。ドイツが自国に戦火の照準をあわせていると知ったら、これらの国々はどう反応するか——。

後世のわれわれは、ヴィルヘルム2世の外政面での影響力がそう大きくはなかったことを知っているが、しかし同時代人にはそれは見えないし、外国からはなおさらである。皇帝の言動は、ドイツの外政そのものと映ったはずである。

この時代は総じて国家間の合従連衡が頻繁ではあった。ただそのなかでも、ドイツ外交についてはいったいに、唐突で方向性が定かでないと見られることが多かったし、加えて傲慢で厚顔だとの悪評もあった。ヴィルヘルムが諸外国からの不信を増幅するのに一役も二役も買っていたことはまちがいない。

「デイリーテレグラフ事件」

むろん、こうした浅薄な言動が報いなしですむわけがなかった。やがてヴィルヘルム2世は治世最大の危機に直面する。「デイリーテレグラフ事件」である。

一九〇七年秋、ヴィルヘルムは渡英したおり、イギリス人の知人に対して、自らの外政構想を語ったことがあった。内容はおおよそ、自分がこれまでいかに親英的な行動をとってきたかということであった。翌一九〇八年九月、彼はその知人に、会話の内容をインタビュー仕立てにしてイギリスの新聞に掲載してくれるよう手配を依頼した。ドイツへの警戒感を強めるイギリス世論をなだめようとしたのである。こうして一〇月末、『デイリーテレグラフ』紙に記事が出た。

ところが、これにドイツの世論が沸騰した。記事中で彼は、ボーア戦争でイギリスが苦境にあった当時、他の列強の介入を未然に防止して、イギリスの外交的危機を救ってやった云々と、持ち前の独善的な口調で述べたてたのが一因である。これが親ボーアで、反英色の強い世論を逆なでした。加えて、建造中の艦隊はイギリスを仮想敵としたものでなく、日本などアジア勢力への対抗のためだと、突拍子もない理屈を述べたものだから、人びとは皇帝の言葉の軽さに愕然《がくぜん》とした。君主自らが、私人に向かって国家の枢機に属する事柄を思いつきまじりに喋々《ちょうちょう》するとは何たることか。そうでなくても、皇帝がそれまで無分別な言動を重ねてきたことには不満が鬱積《うっせき》していた。先述のヴェーバーのディレッタント云々という発言はその一例だが、今回人びとは、ヴィルヘルムの独断専行もここにきわまったと見た。

紙誌はこぞって「個人統治」の弊を難じ、帝国議会では、各政党がそれこそ右から左まで、異口同音に皇帝の恣《し》意的な介入を批判した。ベルリン社交界のある女性は、このインタビュー記事について「皇帝のこれまでの言動で、もっとも破廉恥《はれんち》で、嘆かわしく、無分別で、重大な」ふるまいであり、「わが国を世界の笑いものに」したと嘆いた。

ヴィルヘルムは言葉を失った。側近に「いったい何がおこったのか、この騒ぎは何なのだ」と訊《たず》ねたほどである。自分としては国のため、国民のために行った発言である。それが非難の嵐をよびおこすなど、夢想だにしていなかった。世論の激昂ぶりが明らかになってくると、彼は強い衝撃に見舞われた。同時に、自分に対するこの扱いがいかに不当かを思うと、怒りと失望のあまり、涙を禁じえなかった。

怒り、というのは、ヴィルヘルムには言い分があったからである。イギリスの知人は、記事の原稿を作成した後、発表に先立ってそれをヴィルヘルムに送付してきた。ヴィルヘルムは原稿を宰相のビューローに送って、内容確認を命じた。ところが、ビューローはこれをろくに読みもせず、外務省の実務レベルの役人に回したのである。こうして原稿は、文言上若干の修正がほどこされただけで、再び皇帝の手元に戻り、そのまま掲載された。

ヴィルヘルムに言わせれば、記事は政府の了承を得たものであり、つまり立憲君主として自分の手続きに遺漏はなかった。それなのに、どうして自分が独断専行の非難の的にならねばならないのか。しかも、当のビューローといえば、自らの失態を表明して皇帝をかばうべきところ、他人事《ひとごと》のような顔をして、むしろ諸政党に和しているかのような様子である。ヴィルヘルムが、もっていきようのない怒りに包まれたのもわからなくはない。

事件の影響

ヴィルヘルムがこうむった打撃ははなはだしいものであった。国中に沸きたつ非難に四面《しめん》楚歌《そか》の状況に陥り、やがて心身ともに完全にまいってしまったのである。彼自らが側近に宛てた手紙で述べたところでは、「朕はすっかり打ちひしがれて……寝込んでしまった。ベッドのなかで寝入ったり、半ば目覚めたり、をくりかえすなかで、突如として発作のような激しい嗚咽《おえつ》がおこって、まどろみを破る」というありさまであった。面持ちもまるで別人のように変わってしまった。

どん底に追い込まれた彼は、真剣に退位を考えた。一時は、息子の皇太子を病床に呼びよせたくらいである。この極度の抑うつ状況は長びいた。ある近習の言を借りれば、「石に化したかような無反応の状態であり、じっと座ったまま飲食もうわの空で、自分が何をしているのかすら分かっていないような」状態が数週間も続いたのである。

ヴィルヘルムは、「デイリーテレグラフ事件」で個人的にも政治的にも破滅の淵に立たされた。幸い、事態がそれ以上悪化することはなかった。世論の激昂もやがて引き潮となり、彼は退位することなく、以前のように君主としての務めに復帰した。皇帝の権限を制限するような国政上の改革が講じられたわけでもなかった。事件は、激しくはあったものの、一時的な嵐のようなものであった。一つ変わったことといえば、ビューローとの関係である。自分を「裏切った」宰相に対し、信頼は完全に崩壊した。ビューローは翌一九〇九年に辞任する。

ヴィルヘルムはそれまでも再三舌禍《ぜっか》問題をおこしていたから、このような大事件がいずれ出来《しゅったい》するのは避けられなかった。その意味では事件は、彼の政治スタイルの必然的結果であった。もっとも、彼から見れば、故なくわが身に降りかかった天災のように感じられたことだろう。インタビュー記事は、内容的には、彼がそれまで表明してきた意見と大差ない。公表にいたる手続き面でも、過誤があったのは政府の側であり、ヴィルヘルムに責められるべきところはない。もっとも、普段は絶対君主を自認して、君主の意思こそ国法なりと言っておきながら、都合が悪くなると、急に立憲君主をもちだすのは手前勝手である。ただ、それがいかにもヴィルヘルムらしいところではある。

「デイリーテレグラフ事件」は、彼にどんな影響を残したのだろうか。危うい発言がその後止《や》まったわけではないし、個別の案件に唐突に介入することも絶えなかった。ただ総じて言えば、彼の政治への関心は以前ほどではなくなったようである。また政治姿勢も、武断一辺倒の面が薄まり、穏便な選択肢に傾くことが多くなった。つけ加えておけば、彼がギリシアでの考古学発掘に熱中しだすのがこのころである。ヴィルヘルムも四九歳、圭角《けいかく》の多いさすがの彼も、どこかで政治や人生に対するひそかな無力感にとらわれるようになったのかもしれない。

しかし、彼の人生がそのまま安穏に向かうことはなかった。ヨーロッパの情勢が緊迫の度を増しつつあったからである。

第四章　世界大戦へ

ヴィルヘルム２世と6人の息子たち。ヴィルヘルム２世（左端）の隣が、長子で皇太子のヴィルヘルム（1914年）

第一次世界大戦の主役か

サライェヴォでオーストリア皇太子夫妻がセルビア人青年に暗殺されたという至急電をヴィルヘルム2世が受けとったのは、事件から数時間後、一九一四年六月二八日の昼過ぎのことであった。彼は、バルト海に浮かぶ自分のヨットの船上にいた。毎夏、北ドイツのキール湾では彼の主催でヨットレースが開催されており、この日、自らもそれに参加していたのである。電文を読んだヴィルヘルムは、しばらく無言だった。やがて彼が口を開いたとき、出た言葉は「レースを中止にしたほうがよいだろうか」という、側近への質問だったという。彼は翌日キールを離れて、ポツダムに戻った。

激情にかられやすいヴィルヘルムとしては、意外におとなしい反応ぶりであった。しかし、それは彼がこの出来事を軽く受け流したから、というわけではない。むしろこの平静さは、彼が受けた内心の衝撃の大きさを物語っているように思われる。彼は事件の重みに圧倒されて、茫然《ぼうぜん》自失の体だったのではあるまいか。

オーストリア皇太子フランツ・フェルディナントは、ヴィルヘルムにとって、ヨーロッパの王族連のなかでの数少ない友人の一人であった。アクの強いヴィルヘルムは、ほうぼうの王家で煙たがられていたからである。事件のほんの半月前にも、彼はフランツ・フェルディナントの居城に招かれて、もてなしを受けたばかりであった。それだけに、「フランツィ」（と、ヴィルヘルムは彼をよんでいた）の非業の死は大きな衝撃だったはずである。

それに、暗殺という凶事は決して他人事には思えなかったろう。この時代、王族や政府要人へのテロリズムは決して珍しいことではなかった。ハプスブルク家では、一八九八年に皇后エリーザベトがこの悲運に見舞われたばかりであった。皇帝フランツ・ヨーゼフの妻で、「シシィ」の愛称で知られた彼女は、旅行先で無政府主義者の凶刃にたおれたのである。プロイセンでも、ヴィルヘルム2世の祖父のヴィルヘルム1世は生涯で五度、テロリストに狙われた。実際、サライェヴォ事件の後、ヴィルヘルム2世はフランツ・フェルディナントの葬儀に参列するためウィーン行きを望んだが、彼に対しても暗殺計画の風聞があったため、とりやめになったほどであった。

衝撃の大きさを考えると、ヴィルヘルムが事件後、テロリストたちを背後で操った――と、彼が信じた――セルビア政府に対してきわめて強硬な姿勢をとったのは理解できる。ベルリンでは、事件への対処をめぐって政府の最高レベルで切迫した協議が行われたが、ヴィルヘルムは、回付されてきた駐墺《ちゅうおう》ドイツ大使からの報告に次のようにコメントを書きつけた。「セルビアを片づけなければならない、しかも今すぐに、だ」と。オーストリア政府はすでに、セルビアに対して報復の武力行使を企てていたのだが、ヴィルヘルムはそれを全面的に後押ししたのである。

われわれは、オーストリアの対セルビア宣戦布告が第一次世界大戦の口火をきったことを知っている。とすれば、ヴィルヘルムはやはり大戦勃発の主犯だったのだろうか。

大戦への導火線

ただ、ヴィルヘルムはこのとき世界大戦をはじめる覚悟を固めていたわけではない。というより、バルカン半島ではじまった戦火がヨーロッパ全体に広がり、ついには世界全体を巻きこむなど、彼は夢想だにしていなかった。もっとも、そうした見通しをもっていた者は、どの関係国にもいなかったから、ヴィルヘルムひとりの咎《とが》ではないが。

他の政治家のことはさておき、今日から見ると、ヴィルヘルムがどうして当時ヨーロッパを分断していた同盟体制の現実を理解できなかったのかと不思議に思えるかもしれない。すなわち、一方にドイツ、オーストリア、イタリアの三国同盟があり、これが他方のイギリス、フランス、ロシアの三国協商と対峙《たいじ》していた。このうち、オーストリアとロシアが、バルカン半島への進出をめぐって争う関係にあった。バルカンにおいてロシアのパートナーだったのがセルビアであり、そのためオーストリアはそれまでも再三、セルビアと鋭く対立していた。

サライェヴォ事件はこの対立構図の真ん中でおこった。だから、オーストリアがセルビアを攻撃すれば、ロシアがセルビアの支援に乗りだしてくる。ロシアが参戦すれば、オーストリアの同盟国であるドイツも対抗上参戦する。ロシアの同盟相手のフランスも加わる。イギリスも同盟国フランスがドイツの攻撃にさらされるのを座視すまい。となると、連鎖によってバルカンの火種は一気にヨーロッパ全体に広がる理屈である。実際、第一次世界大戦はまさしくこの経緯をたどって生じた。

導火線にいったん火がつけば、後は一直線に大戦という火薬庫に向かって走るようなものである。この簡単な国際関係のメカニズムが、ヴィルヘルムにはなぜ見えなかったのか。

ただ、これは歴史を見るときにわれわれがよく陥る誤りである。つまり、歴史に意味を求めるあまり、過去のなかに過度の必然性を見ようとする誤りである。第一次世界大戦の開戦も、実際には決して必然不可避の連鎖反応ではなかった。今日の研究では、大戦にいたる導火線にはいくつもの節目があり、そこで火が立ち消える可能性は決して小さくなかったことが明らかになっている。

問題だったのは、どの節目においてもいずれの関係国も、和戦はひとえに相手側の出方次第だとして、自らは積極的に回避に動こうとしなかったことである。その結果、最近の有名な研究書の表題を借りるなら、どの国も自分の行動に自覚のない「夢遊病者」のようになり、そしてともに未曽有《みぞう》の大戦という奈落に落ちこんでいったのである。

ヴィルヘルムもそうした「夢遊病者」の一人であった。彼は晩年、亡命先で来し方を顧みて、どの時点のどの決断が決定的な転換点だったのかをくりかえし自問したことだろう。しかしおそらく、いくら自問を重ねても、どれ一つ特定の決断をあげることはできなかったに相違ない。

ドイツの孤立

ヴィルヘルム2世の治世は三〇年におよんだ。折り返し地点となるのが一九〇三年だが、ドイツを取りまく国際情勢が深刻になっていくのが、ちょうどこの後あたりからである。

ドイツは元来、列国の錯綜する利害の合間を、フリーハンドを保ってうまく泳ぎ回るつもりであった。そして機を見て、ロシアを従えてヨーロッパ大陸に「ナポレオン的覇権」を樹立し、イギリスに対抗する計画を立てたり、あるいは逆に、イギリスと手を組んでロシア、フランスと対峙しようともくろんだ。しかし、結局はそのどちらも実を結ばなかった。むしろ、企ては完全に裏目に出た。双方に秋波を送って失敗したあげく、気がつけば、ドイツは並みいる列国を敵に回すはめになっていたのである。

ドイツには三国同盟という頼りがあったのでは、と考える向きもあるかもしれない。数のうえではたしかに、同盟と協商は三国ずつで対等に見える。しかし、実際の力関係はドイツにとって明確に不利であった。向こう側は、世界に冠たる海軍国イギリス、圧倒的な陸軍力をもつロシア、ヨーロッパの伝統的強国たるフランスと、どの一国をとっても容易ならざる難敵であった。その三ヵ国が連携し、しかも外からドイツを囲むように組んでいる。それにひきかえ自陣営は、深刻な民族対立を内に抱えた老大国オーストリアと、そもそも同盟への熱意に疑問符がつくイタリア（イタリアは実際、第一次世界大戦では協商側に立って参戦し、ドイツやオーストリアと戦火を交えることになる）である。

つまり、オーストリア以外に頼るべき友邦がないという孤立状態にドイツは陥った。とすれば、唯一の同盟国との関係を強めるのは自然の傾向である。こうして、ドイツはオーストリアと一種の運命共同体のごとき緊密な関係となった。これが宿命的な結果をうむ。ドイツをバルカン問題に引きずりこむことになるからである。

斜陽のオーストリアは国運挽回《ばんかい》を期して、バルカン半島への進出に活路を求めていた。当時バルカンでは、長くオスマントルコの支配下にあったスラブ系の諸民族が、トルコの衰退とともに独立をはかり、武力紛争が頻発していた。そして、この地域の政情不安に乗じようとする点では、ロシアも同じであった。日露戦争で敗れて東アジア進出の野心をくじかれたロシアは、膨張の矛先をこの方面へと転じたからである。民族間の摩擦対立のうえに大国の膨張政策が重なるとなると、危機のボルテージは著しく高まる。この地域が「ヨーロッパの火薬庫」といわれたゆえんである。

オーストリアは進出を進めるにつれ、いきおい地域の対立と紛争に深く巻き込まれていく。ときには、危機がエスカレートする懸念も生じる。しかし、状況がいかに危機的になろうとも、オーストリアはドイツにとって唯一の盟邦であった。見捨てるわけにいかない。こうして、結果的には自らも対立に関与することになっていくのである。

第二次モロッコ危機

もっとも当時のヨーロッパについて、同盟対協商という対立構図を過度に強調するのは、今日のわれわれとしては慎むべきだろう。実際には、三国協商は対独連携を意図したものというより、むしろ各国の間で、世界各地での権益拡大にともなって生じていた利害対立を調整するものであった。それにまた、結束が英仏露の三国間で等しく堅かったわけでもない。

ただ、当時のドイツ政府は、協商をはっきりと対独包囲網だと考えていた。とりわけヴィルヘルム2世は、英国王エドワード7世（バーティ）がドイツ封じ込めのために自ら画策した陰謀によるものだと堅く信じていた。ヴィルヘルムは、この叔父を嫌うことははなはだしく、

「悪魔」とよんではばからなかったほどである。

包囲網は放置しておくと、どんどん狭まってくる。ドイツ政府はつとにその打破を企て、機会を捉えては策を講じた。しかし、英仏の離間を策した第一次モロッコ危機（一九〇五年）も、ビョルケの密約（同年）をはじめ、露仏同盟の希釈化をねらった試みも、結果的にはどれ一つ成功しなかった。失敗が重なるほど、次の一手は今度こそとばかり、より大胆なものになっていく。

その好例が第二次モロッコ危機である。一九一一年初め、モロッコで政情が混乱したため、フランスが派兵して事態の収拾にあたった。ところが、これは明らかに、モロッコの処理に関する列強間の協定に違背する行為であった。ここに事態打開の好機を見たのが、当時のドイツの外相アルフレート・フォン・キダーレン・ヴェヒターである。フランスの行為を国際社会で指摘してその非を鳴らし、あげくには代償として植民地――彼がねらっていたのは仏領コンゴであった――の譲渡を強いるというのがその意図であった。イギリスも、あからさまな違背行為だけに、盟邦とはいえフランスの肩はもちにくかろう。とすれば、ドイツは植民地を獲得すると同時に、英仏間に水を差すこともできる。一石二鳥の妙手と外相は考えた。

フランスへの強い抗議を形にして示すため、キダーレンは海軍の艦艇一隻をアガディール港に派遣した。いざとなれば武力行使も辞さないという、典型的な砲艦外交である。加えて、彼は朝野を挙げての強硬姿勢を演出すべく、世論の動員をはかった。当時、「全ドイツ連盟」をはじめ、国権拡張を声高に唱える右翼団体が簇生《そうせい》していたが、彼はこれらの団体に手を回して、政府支持の大合唱を行わせた。外政においても大衆世論が無視できない役割を果たす時代になっていたのである。

だが、案に相違してフランス側はかたくなな姿勢を崩さない。キダーレンは強硬姿勢を強め、コンゴ全土を得るまでは一歩も退かないとちらつかせる。こうして、両国間の緊張が異様に高まった。今にも戦火がはじまるのではと、ヨーロッパ中が固唾《かたず》をのんで両国のせめぎあいを見つめるにいたった。

キダーレンは内心、最終的には外交交渉で事は決着するだろうと踏んでいた。むろん、万一の可能性のあることも十分承知であった。ただ、そのリスクは甘受しようと彼は考えた。というのも、彼自ら言うごとく、「はじめから戦うつもりはないと宣言する者は、政治において何も得ることはできない」からである。

挑発外交の蹉跌

だが最終的には、キダーレンの目算ははずれる。思いもかけず、イギリスから横槍が入ったからである。蔵相ディヴィッド・ロイド・ジョージはロンドンで行った公の演説で、フランスがドイツから攻撃された場合、自国は座視するつもりはないと明言した。イギリスがここまでフランス支持の立場を鮮明にしたのははじめてである。この堅い結束に直面しては、強硬策もそこまでであった。キダーレンは矛を収め、結局、ドイツはフランスから微々たる植民地を割譲させるだけで、振りあげた拳を下ろすことになった。

こうして、国運を賭したはずの第二次モロッコ危機は空振りに終わった。仏領コンゴ全土の獲得は言うにおよばず、英仏の離間も実現しなかった。それどころか、かえって英仏関係を緊密化させる契機を与えた。ドイツ外政の大失敗である。

注意しておきたいのは、この一連の画策にヴィルヘルム2世は大きな役割を果たしていないことである。第二次モロッコ危機の筋書きは、外相キダーレンがほとんど一人で立案したものであった。宰相のテオバルト・フォン・ベートマン・ホルヴェーク（一九〇九年にビューローに代わって就任）すらあまり関知していなかったくらいである。

しかもヴィルヘルムは当初、この企てには気乗り薄で、砲艦派遣はもちろん、モロッコに関与すること自体に消極的であった。キダーレンが懸命に説得した結果、ヴィルヘルムは賛成に転じるものの、武力衝突の懸念が浮上するやいなや、再び消極論に戻った。たしかに、彼はその間にも、気まぐれで勇壮激越な言辞を吐くことはあった。だが大筋では、事態の暴発を避けるべくキダーレンを抑えたのである。だから、第二次モロッコ危機をめぐるドイツの大胆な外交にも、そしてまたその蹉跌(さてつ)にも、ヴィルヘルムは大きな責任はなかったと言ってよい。

ところが、世論はそうは見なかった。国権主義団体にあおられた世論は、アフリカでの権益拡大の期待に胸をふくらませていた。それだけに、危機が成果もないまま尻すぼみになったことに憤激した。人びとの目には、政府がイギリスの厚顔な脅しに尻尾《しっぽ》を巻いてすごすご退却したと映った。そして、その「軟弱外交」の張本人こそ皇帝だとして、ヴィルヘルムを槍玉に挙げたのである。

議会では諸政党が異口同音に政府の責任を問い——政府を擁護したのは皮肉にも、ヴィルヘルムが「非国民」扱いする社会民主党のみだった——、「国辱」を嘆く声が論壇に広まった。ある保守系の新聞は、ヴィルヘルムを名ざしで激しく非難した。すなわち、「国家の名誉という感覚は……ドイツでは消えうせてしまったのか、われわれは他国のもの笑いの種でしかないのか」と嘆いたうえで、皇帝にこう攻撃の矢を向けた。「皇帝は英仏の政策の最大の支援者なのか。……英仏の新聞はここ何週間も言いつづけてきた。皇帝の心がぐらつくのを待てばよいのだ。そうすれば退却の合図だ、ドイツは譲歩する、と」。

それまで、ヴィルヘルムは自己顕示欲のままに派手な公的言動を行ってきたから、目立つ彼が国民の憤懣《ふんまん》の的とされたのもわからなくはない。もっとも彼にすれば、理不尽きわまりない話であったろうが。

「臆病者」の皇帝

「ヴィルヘルム臆病王」などという、皇帝を揶揄《やゆ》する渾名が出回ったのもこのころである。しかも、彼の指導者資質に批判的だったのは世論だけではなかった。皇帝の「弱気」癖を難じる声は、ドイツの政軍指導者の間でも広まっていた。

後に陸相や参謀総長を務めるエーリヒ・フォン・ファルケンハインは、ヴィルヘルムのお気に入りの将軍の一人だったが、その彼も「陛下が依然として武力行使を除外する決心でおられるかぎりは、ドイツの政治状況は何も変わらない」と、不満を隠さなかった。そして、「皇帝のこうした意向が国家の外政の制約となっていることに、有力者の間で日ごとに憤懣が強まっている」と述べている。

実際、普段の過激な言辞をよそに、いざとなれば急に軟化するという行動パターンは、ヴィルヘルムにおいてはしばしば見られた。たとえば、第一次モロッコ危機（一九〇五年）のときもそうである。このときもドイツは、モロッコでのフランス権益に干渉し、非常の決意をちらつかせてフランスから外交的代償を引きだそうと企てた。第二次危機とまったく同一の構図である。したがって、ドイツ政府としては交渉戦術上、頑《かたく》なに強面を保つことが不可欠であった。ところが、緊張が高まり、開戦が真剣に懸念されるようになると、ヴィルヘルムが変心した。彼は独断でフランスの駐在武官にむかって、ドイツはモロッコ問題で武力に訴えることはないと保証したのである。おかげで、ドイツ政府のもくろみは水泡に帰した。

大戦前夜、バルカンの政情が二度の戦争（第一次、第二次バルカン戦争、一九一二〜一三年）で著しく不安定化したときもそうであった。オーストリアがセルビアやロシアと今にも衝突しそうになったとき、ヴィルヘルムは総じて、強硬路線から一歩身を引いた姿勢を保った。

通念的には、ヴィルヘルム2世はドイツ軍国主義の体現者で武断的外政の主唱者と見られがちである。しかし実際には、彼は総じて武力行使に消極的であった。その意味では、ヴィルヘルムは案外、ヨーロッパの平和維持に相応の役割を果たしたとさえ言えるかもしれない。

もっともそうだとしても、割り引きは必要である。まず、彼の戦争反対は、平和主義の信条に発したものではなかった。むしろ、他人依存的で自信薄弱という彼の性格が、いざという状況では「腰砕け」として表面化したと見るべきである。あるいは、彼も中年を迎えて、若いころの血気が薄れたのだろうか。

加えて、穏便な選択肢に賛同したからといって、それでもってヨーロッパの平和に寄与したとも言いづらい。先述したような彼のジグザグの言動は、ドイツの外政行動を諸外国にとって予測しにくいものにした。それは国際情勢の安定にとって決してプラスではなかったはずである。

世論の過熱

さらにまた、彼の穏便論が何に由来するにせよ、それがドイツ国家の外政として実現することはありえなかった。外政上の意思決定は事実上、彼の手を離れていたからである。前にもふれたとおり、対外政策においても彼の「個人統治」は存在していなかった。たとえば両度のモロッコ危機にしても、フランスを挑発するシナリオは政府、外務省で立案されたものであった。ヴィルヘルムはその振りつけにしたがって動いたにすぎない。

この傾向は、デイリーテレグラフ事件後さらに強まった。宰相や外相は、皇帝の「脱線」に辟易し、彼を実質的な政策決定からいっそう遠ざけたからである。これに関する面白い逸話がある。ヴィルヘルムはこのころ、ギリシアでの考古学発掘にのめり込んでいたが、ある外交官がその熱中ぶりが常軌を逸していると、部内で苦言を述べたことがある。これに対して宰相のベートマンが述べたのが次の言である。「続けていただいたほうがいい。穴を掘っているかぎり、電報を送ってきたり、政治に介入されることはないのだから」。ベートマンは謹直を絵に描いたような官僚政治家である。その彼にしてこの発言だから、政府要人が皇帝にいかに不信感をもっていたかがわかる。

加えて、世論が当時、国権拡張に沸いていたことを無視すべきでない。めざましい経済発展に後押しされて国民的自信がいや増すさなかに生じたのが、第二次モロッコ危機の「国辱」であった。憎きは、自らの覇権を固守せんと、ドイツの国運発展を阻むイギリスである。イギリスとの戦争はもはや不可避だという空気が支配的になった。予防戦争論も公然と語られるようになった。

このころベストセラーになった『ドイツと次なる戦争』という書物がある。ベルンハルディという陸軍の将軍の著したものである。著者が言うには、戦争は今や「権利」ではなく、「義務」である。なぜなら、「われわれは世界強国になるか没落するかの二者択一の時代に生きている」からである。早晩わが国は開戦への決定を迫られる。それなら「敵が先に攻めてくるのを受け身で待つのではなく、奇襲で敵をだし抜く」べきである。

こうした世論の強い後押しを受けて、議会でも国権伸長の大合唱であった。一九一三年に政府が提出した大々的な陸軍軍拡法案は、諸政党の支持を受けてあっさりと議会を通過した。

大衆外交の危うさである。たしかに、モロッコをめぐる危機で大衆の後援を得るため、圧力団体を使って世論を動員し、操作したのは政府である。しかし、いったん情動に火のついた世論は、政府の計算を離れて一方的に昂進する。巨大な大衆的圧力を前に、今度は政策もそれに沿った方向に変わっていかざるをえない。こうして、世論と政策が共振しあって、過激化のダイナミズムを展開させる。

このことはとりわけヴィルヘルム2世に当てはまる。前にふれたとおり、彼は「国民皇帝」を目ざして、大衆の政治参加を基礎に君主権を強めようという考えをもっていた。その分、彼は世論の動向に敏感たらざるをえなかった。彼はもともと確たる政策構想のあるタイプではない。世論が国権外交を高唱し、政府、議会もこれに同調すれば、ただただそれに流されるまま、という体になった。

この点、ファルケンハインが先に引用した箇所に続けてこう述べているのは示唆的である。すなわち、皇帝の優柔不断はたしかに大問題だ。だが、しかし世論の不満が高まれば、「皇帝をいつかは戦争の決心へと動かすことはあるかもしれない」と。ヴィルヘルムの言動は状況次第だと見透かされていたのである。

導火線上の節目

一九一四年六月二八日のサライェヴォ事件から七月三一日のロシアの総動員発令までが、世界の命運を定めた一ヵ月であった。一般に「七月危機」と称される。「危機」という名前からも、そして実際その後におこったできごとからも、今日のわれわれは、この一ヵ月を奈落へ転落する連続的な過程と見がちである。

しかし実際には、当時の人びとの間に、運命の大きな暗転が待ち受けている予感などはなかった。というのも、実は世界の情勢はむしろ、例年になく落ち着いているように見えたからである。いくつかの例を挙げよう。バルカンでは、前年までの武力衝突が諸列強の調整でどうやら局地化できそうな見込みだった。加えてここ数年、ドイツの建艦でヒステリックなまでに悪化した独英間でも、バグダード鉄道などの個別案件についての協議が進行していた。一種の緊張緩和のムードすら生まれていたのである。

オーストリア皇太子の暗殺という突発事は、なるほどショッキングではあった。しかし、王族や要人の暗殺はそう珍しくはなかったこともあって、決定的な重大事だとは見られなかった。実際イギリスでは、人びとははるか国外のバルカン情勢より、急を告げる内政問題に目を奪われていた。アイルランド自治問題である。この問題をめぐって事態は急激に悪化し、ついには国王が今にも内戦が勃発するのでは、との懸念を公の場で口に出すまでにいたっていた。

前にふれたように、大戦への導火線には諸所に節目があった。大きな節目の一つはロシアの動向であった。

オーストリアはサライェヴォ事件直後から、セルビアに対して武力を発動する意図を固めていた。これを機に、積年の対立に一気にかたをつけるつもりだったのである。当然、ロシアとの衝突が想定される。そのため、オーストリアは早い段階からドイツに支援の打診を行った。これに対して、ヴィルヘルム2世とドイツ政府は、オーストリアの行動は何であれ、全面的に支援すると約した。七月五日のことである。つまり、ベルリンは「白紙委任状」をウィーンに手渡したわけである。ということはすなわち、ヴィルヘルムや宰相ベートマン、参謀総長モルトケらドイツ指導部は、大国を巻き込む大戦争が勃発する可能性は認識していたことになる。

しかし実際には、その可能性は高くないと彼らは考えていた。ロシアの参戦はあるまいと踏んだのである。そしてもし、読みどおりロシアが局外にとどまるなら、戦争はオーストリアとセルビアの二国間衝突に終わる。オーストリアがセルビアを迅速に屈服させ、すぐに講和にもっていけば、それだけの話である。バルカンでは、局地的な戦争は珍しいことではなかった。つまり、導火線の火はここで立ち消えになるはずであった。

ロシアの参戦がないとドイツ側が考えた大きな要因は、成功体験があったからである。一九〇八年のいわゆるボスニア危機では、オスマントルコ領であったボスニアとヘルツェゴヴィナの両地方をオーストリアが併合したことにセルビアが猛反発し、後ろ盾のロシアを含めて一触即発の雰囲気が生まれた。ドイツはオーストリアを全面支援し、ペテルスブルクに対して事実上の最後通牒《つうちょう》を発した。結局ロシアは譲歩し、戦争の危機は回避されたのである。

対立構図は今回もまったく同じである。だとすれば、今回も同様のシナリオで話が進む、と想定するのはわからないではない。そして、ロシアの後退とともに、対独包囲網もその分緩むはずであった。

ロシアの動向

もっとも現代のわれわれは、今回はそのシナリオどおりには行かなかったことを知っている。第一に、前回のボスニア危機では、ロシアは日露戦争の打撃からまだ十分立ち直っていなかった。ドイツ、オーストリアを敵に回す力はなかったのである。しかし、その後八年間で国力は著しく回復した。独墺に軍事的に対抗することはもう不可能ではない。第二に、前回の譲歩は、ロシアにとって外交上の大きな失点であった。結局は盟邦のセルビアを見捨てた形になったからである。今回、再度同じことをすれば、ロシアの対外的信用は地に墜《お》ちる。第三にフランスの姿勢の変化がある。フランスは前回、自国の利害に関わりの薄いバルカン情勢に引きこまれるのを警戒して、消極的な態度に終始した。それがロシアの譲歩の一背景となった。しかし、フランスではその間、対独強硬派のポアンカレが政権につき、バルカン問題への取り組みを強めていた。

以上のような状況の変化をベルリンは把握していなかった。たしかに、ロシアが折れないなら折れないもよし、という気分がドイツ側にあったのも事実である。いざとなれば武力で雌雄を決するのみ、という決意は、とくに軍部には充溢《じゅういつ》していた。ただ、正確な情勢把握が外政の第一の要諦であるなら、これはやはりベルリンの大失態といってよい。

といってドイツのこの失態が大戦勃発の主因だとするなら、これは早計である。正確な情報を入手して敵情を的確に把握するというのは、言うは易《やす》いが行うは難い。今日のように多種類の、きわめて精巧な情報入手手段が整っている世界でも、情勢把握を誤った例は枚挙に暇《いとま》がない。百年前の情報事情で、敵国の情勢を正確に把握する難しさは今日との比ではない。

より本質的な問題もある。当時のドイツ外交については、リスクを読み誤って冒険外交に走り、結果的に大戦を招来したと、その無謀さを批判されることが多い。しかし、リスクは客観的に測定できるものではない。ここまでなら断固たる姿勢で進んでも大丈夫という、いわゆるレッドラインは事前に明らかなわけではない。といって、はじめから衝突回避を旨としていたのでは、相手に押される一方である。こちらの打つ手に相手がどう反応するか不明ななかで、いわば手探りで進まざるをえないのが国際政治である。

言い換えれば、「終わりよければすべてよし」という面が外政にはある。当時のドイツ外交に総じて不手際が多かったのは事実だが、しかし以上の意味で、ロシアの参戦がないとヴィルヘルムやドイツ政府が想定したことを、頭ごなしに非難するわけにはいくまい。

ともかく、ロシアの不参戦という想定は、七月危機のほとんどの期間を通じてドイツ側の行動の前提となっていた。ヴィルヘルムは先行きを楽観していた。その証拠に、彼はオーストリア側に「白紙委任」を与えた後すぐ、恒例の夏の北欧ヨット旅行に出かけている。もっとも、これはベートマンらの強い勧めでもあった。皇帝をベルリンから遠ざけておきたかったのである。いつ何時ヴィルヘルムの例の「弱気の虫」が出てきて、オーストリアの強硬姿勢支持で固まっている政府部内を混乱させるかもしれない。ただ周囲の勧めがあったにせよ、この時期に休暇に出るというのは、やはり彼自身が切迫した危機感を抱いていなかったからこそ、であろう。

ヴィルヘルム自身、オーストリアの武力発動の方針を支持したとはいえ、最終的には戦争は避けうると考えていた。オーストリア政府の最後通牒にセルビアが回答したのは、七月二五日である。オーストリア側は回答を不服として、即刻国交断絶に踏みきった（宣戦布告は二八日）。

ところがヴィルヘルムは、オーストリア政府とはまったく正反対の反応を示した。このセルビア側の回答書を読んだ彼は、セルビアはウィーンの要求に十分こたえたと解釈し、「すばらしい成果だ……これで開戦の理由はまったくなくなった」と喜んだのである。この最中《さなか》の二六日に、彼は皇后ドーナに向かって、夏の休暇をどうするかについて相談をしている。

大戦の奈落へ

事態が楽観を許さないと、ヴィルヘルムやドイツ政府が悟りはじめたのは、七月も最終週に入ってからのことであった。予想に反してロシアが戦争準備を進めているとの情報が、各方面から続々と入ってきたからである。ヴィルヘルムは七月二七日に、北欧の休暇旅行を切り上げてベルリンに戻ってきた。翌二八日には、ロシアの総動員発令間近しの確報が届いた。わずか数日の間に事態は急展開し、破局はもはや回避しようのないものになっていた。だが、ヴィルヘルムはなおも戦争への決意を渋った。だが、急坂を転げ落ちるような事態になすべはなかった。ドイツは八月一日にロシアに宣戦布告する。

戦雲急を告げつつあったときに、ドイツにとってもっとも重大な関心事となったのがイギリスの向背であった。三国協商のよしみでロシア、フランスの側に立つのか、それとも大陸諸国が互いに覇権争いをしているのみとして、局外中立を保つのかは、戦争の帰趨を左右する決定的な要因であった。とくに、戦火拡大を避けたいと切望するヴィルヘルムにとっては、イギリスは最後の希望であった。

七月末に事態が深刻化してからというもの、ヴィルヘルムは、伝えられるイギリスの動静に一喜一憂した。二九日、訪英していた皇弟ハインリヒから、英国王ジョージ5世（一九一〇年にエドワード7世の死去を受けて即位）が平和に向けた希望を語ったと報告を受けたヴィルヘルムは、これでイギリスの中立は揺るぎないものになったとおおいに安堵《あんど》した。ところが翌日には、イギリス外相エドワード・グレイの発言に大きな衝撃を受ける。グレイはドイツの駐英大使に向かって、独仏間で戦火が生じればイギリスはフランス側に立つと明言したのである。

そのグレイが思い直したらしいとのロンドンからの急電が届いたのは、八月一日の夕刻、ドイツが全軍に総動員を発令した直後のことであった。場合によってはイギリスが中立を守ることもありうると、グレイは示唆したというのである。ヴィルヘルムは狂喜した。彼はさっそくシャンペンをもって来させて祝った。

すぐに政軍の首脳が召集された。そこでヴィルヘルムは動員の停止を命令する。ところが、これに対して必死に抵抗したのが参謀総長のモルトケである。すでに西部で軍の集結ははじまっている。巨大な軍組織の動員は、いったん動きだしたらもう止められないというのであった。なおも停止を命令する皇帝との間で激論が生じた。

だが、喜びは束《つか》の間《ま》であった。グレイが翻意したというのは誤報だったからである。イギリス政府から真意を伝える電報が届いたのは同日の深夜である。万事休すであった。急遽《きゅうきょ》参内《さんだい》したモルトケにヴィルヘルムはその電文を渡し、「後は貴下が思うようにすればよい」

と、いら立った声で総動員の続行を許可した。ヴィルヘルムはすでにガウン姿だったが、寝つけなかったらしい。数日来の事態の目まぐるしい展開に翻弄され、心身ともに疲れていたのだろう。同時に、これまでの戦争回避の努力がすべて水泡に帰したという失望も、彼を苛《さいな》んでいたに相違ない。

大戦への責任

第一次世界大戦が終わった後、ヴィルヘルム2世は大戦勃発の張本人と目された。イギリスでは戦後すぐに総選挙が行われた際に、「カイゼルを縛り首に！」というスローガンが選挙公約に謳《うた》われた。次章で述べるように、連合国側では、廃帝となったヴィルヘルムを戦争犯罪人として訴追しようという動きもあった。

しかし以上見てきたように、大戦にいたる過程を通してヴィルヘルムは武力解決に消極的であった。開戦前夜には実際、戦争を回避したいと、ロシアやイギリスに対して工作にも動いた。歴史家のなかには、ヴィルヘルムは当時のドイツ政府内で大戦に反対した例外的な一人だったという意見すらある。そこまで言えるかどうかはともかく、ヴィルヘルムが少なくとも開戦の「主犯」でなかったのはまちがいなかろう。

さらにそれ以前からも、ヴィルヘルムは対外政策では武断主義にはあまり与《くみ》しなかった。

政府や外務省が他国を挑発するような外交攻勢を敢行したときも、彼が穏便な方途を唱えることが少なくなかった。たしかに、それは確たる信念によるというより、むしろ彼の性格の弱さのゆえであった。そしてまさしくそれゆえに、周囲の反対を押しきって自己の穏便論を押し通すだけの意志力は、ヴィルヘルムには欠けていた。

だからといって、ドイツの外政の失敗や、ひいては世界大戦という未曽有の事件について、彼が大きな責めを免れるというものではない。日々の政策決定の現場から外されたとはいえ、君主としての彼は依然として人事権を握っていた。それによって、彼の意向は間接的にドイツの外政に影響したといえる。さらに、外交問題にしばしば積極的な発言を行って介入した。彼の大言壮語や不用意な発言が国際社会を混乱させたことは一再ではない。忘れてはならないのは艦隊建造への執着である。これがイギリスとの疎隔の最大原因だったのに、彼は最後まで頑として放棄しようとしなかった。

本書冒頭で紹介したように、ヴィルヘルムは総動員が発令された八月一日の午後、王宮のバルコニーに立った。開戦の告知に、広場に参集した群衆から割れんばかりの歓呼を浴びたとき、彼は自分が長年追い求めてきた「国民皇帝」の夢がついに実現したのを見て感慨無量だったろう。しかし、その夢の実現が、自分があれほど避けたいと熱望した戦争によってはじめて果たされたのは大きな皮肉であった。外見の雄々しいポーズとはうらはらに、彼の心

大本営にて　ヒンデンブルク（左）、ルーデンドルフ（右）と（1917年頃）

は重苦しいもので満たされていたはずである。

大本営での生活

開戦とともに、ヴィルヘルムはベルリンを離れ、前線の大本営に赴いた。彼はそれ以後、大戦の間中ずっと大本営暮らしをすることになる。大本営の場所は戦中に数回変わり、最後はベルギー北部のスパに置かれた。

当時の写真のなかに、作戦室で将軍連を両脇に従え、机上の地図を真剣な眼差しで見つめているヴィルヘルムを写したものがある。軍の最高司令官として陣頭指揮をとる君主の勇姿、といった趣である。しかし、それは完全にフィクションであった。実際には、彼は作戦にはまったく関与しなかった。というより、関与させてもらえなかったのである。

ヴィルヘルムはつねづね自分の天命は政治よりも軍事だと考えていたし、また大いなる軍事的才能に恵まれているとも信じていた。しばしば自らをフリードリヒ大王に擬したくらいである。しかし実は、彼はまっとうな軍事的訓練を受けたことがなかった。若いころにポツダムで軍務に服して以来、彼が順調に昇進を遂げてきたのは事実である。しかし、それはいうまでもなく、王子ゆえの特別出世コースであった。

即位してからも、彼は自ら陸軍の野外演習に頻繁に参加した。しかし、それは軍隊の指揮能力を磨く場とはならなかった。側近連がつねに事前に、彼の率いる陣営が勝つように仕組んでおいたからである。ちょうど艦隊が彼にとって「玩具」であったように、陸軍についても何か遊び気分がついてまわった。ある演習の際に、ヴィルヘルムが降雨が激しいので、演習を中止すると言いだしたことがある。これには側近のモルトケもさすがに、皇帝は雨が降ったら戦争も中止になるとでも思っているのかと、おおいに呆《あき》れた。

したがって、将軍連が皇帝を実際の戦争指導から遠ざけたのは当然であった。例の浅薄な思いつき発言でもされれば、最高司令官だけに正面きって止めるすべがない。こうしてヴィルヘルムは、戦地に日を送りながら、実は戦争とは縁の薄い生活を送ることになった。

作戦にかかわるとすれば、参謀たちがすでに細部まで練りあげた計画に、形のうえだけ最終承認を与えることのみであった。部下がもって来る戦況情報といえば、毒にも薬にもならない体のものか、あるいはすでに成功裏に完了した作戦の成果をうたいあげるものだけであった。深刻な戦況でも知らせようものなら、皇帝がまた腰くだけになるのではと、将軍連は危惧したのである。

彼は友人に対して嘆いた。「自分はここでは影にすぎない……これほど用無しなら、ドイツに戻ったほうがよい」と。それも当然だろう。なにしろ、戦局については参謀総長のファルケンハイン（開戦直後にモルトケの後任として陸相から転じた）から報告を聞くより、新聞記事を読んでいるほうがよくわかる、というありさまだったのである。

では、彼は大本営ではどんな生活をしていたのか。彼が親戚の王族の一人に語ったところでは、「参謀本部は私には何も話さないし、何も訊ねない。もし軍を指揮しているのが私だとドイツで考える者がいたら、大変な了見違いだ。私はお茶を飲み、木を伐《き》り、散歩をする。ときおり、あれやこれやがおこったと聞かされるが、それもすべて将軍連の好都合な事柄のみだ。少しでも私に親切な人物といえば、野戦鉄道部の部長ただ一人だ。彼だけは、自分が何をし、何をしようとしているかをすべて私に話してくれる」。

兵士が塹壕《ざんごう》で鋼鉄の雨のごとき砲撃にさらされ、わずか数メートルの地歩をめぐって敵兵と血みどろの死闘を繰りひろげていたとき、皇帝は木立でひたすら樹木を伐採し、薪《まき》にする作業に精を出していたのだった。

無制限潜水艦作戦

開戦当初、ドイツ軍はいわゆる「シュリーフェン計画」にしたがって、西部で大規模な攻勢をかけた。計画では、数週間のうちにパリ陥落となるはずであった。しかし実際には、マルヌの戦闘（一九一四年九月）で進撃は停止した。それ以後、西部戦線では両軍が塹壕にこもって対峙し、際限のない消耗戦を繰りひろげた。開戦前の想定とは異なって、長期持久戦の様相が濃くなりはじめた。

停滞する戦況と比例するごとく、ヴィルヘルムは苛立ちと無力感のはざまで、次第に鬱状態に落ちこんでいった。身体状態がこれに追い打ちをかけた。座骨神経痛がひどくなったのである。ときに杖《つえ》に頼らざるをえなくなった。以前はあれほど好んだ公的な登場にも意欲が薄れた。国家機構の歯車が戦争遂行のためにフル回転しているなか、ヴィルヘルムはその傍らで日々を過ごしていた。彼は今や「影の皇帝」であった。

もっとも、皇帝である以上、重要案件の最終的裁可はなお彼の手にある。裁可はたいていは形式的なものだったが、ときには彼の判断が重みをもつこともある。それを通じて、彼は戦争の行方を左右する重大問題にも関わりをもった。一例は無制限潜水艦作戦である。

イギリスを屈服させるうえで有力な手段は、外からの補給路を遮断することであった。島国イギリスは食料供給を貿易に依存していたからである。そこで、潜水艦によって輸送船舶を攻撃する作戦が実施された。ここで大きな問題となるのが中立国アメリカである。アメリカは対英補給の主役であった。しかし交戦相手国でない以上は、アメリカの商船をドイツがむやみに攻撃するわけにはいかない。といって、これを放置するなら、「兵糧攻め」の実効があがらない。そこで浮上してきた方策が無制限潜水艦作戦であった。一定の条件下であれば、中立国船舶も無制限に攻撃の対象にするよう、作戦を強化するのである。

これを強く主張したのが、海相ティルピッツや参謀総長ファルケンハインら軍部首脳であった。そうなるとイギリスは干あがり、半年で降伏する。こうして大戦を早期に終えることができるという。一方、宰相ベートマンら文民政府首脳は猛反対であった。攻撃を受けるアメリカが強く反発し、参戦してくるのは必至だからであった。間に立たされたのがヴィルヘルムである。

元来、帝政ドイツの国制では、統帥権が行政府から独立し、したがって政治と軍事が分離していた。政軍間を調整することは、とくに戦時中はつねにも増して必要だが、そのための国家機関は存在しなかったわけである。両者をつなぐ存在といえば、双方のトップを兼ねる君主ただ一人であった。だからこの場合のように、政治と軍事の間で意見が割れた場合、俄《が》然《ぜん》ヴィルヘルムの存在が焦点に浮上する。

彼は文民側に与した。潜水艦作戦は認めるが、あくまでも制限つきという条件を付したのである。ティルピッツが手ぬるいとしてこれに抗議すると、ヴィルヘルムは彼を更迭した。一見、ヴィルヘルムの決意は確固たるようであった。ところが議会や世論で、政府の戦争政策を軟弱だとする声が強まると、彼はとたんに揺らぎはじめる。ヴィルヘルムは、潜水艦作戦の強化に傾くのである。

政軍間の調整不全

決定的な一押しとなったのが軍首脳の交替である。戦線膠着《こうちゃく》の責を問われてファルケンハインが解任され、代わってパウル・フォン・ヒンデンブルクが参謀総長に任ぜられた。これ以後、彼が参謀次長のエーリヒ・ルーデンドルフとともに全軍の指揮にあたる。一九一六年八月のことである。ところで、この二人は無制限潜水艦作戦の熱烈な賛成者であった。就任するや、彼らはその実施を皇帝に強く迫った。

君主のもつ統帥大権を盾に部下の主張を却《しりぞ》けることは、普通ならむずかしくはない。とくに、ヴィルヘルムはこの二人とウマが合わず、そもそも彼らの登用そのものに乗り気ではなかったから、いっそうである。だが、ことヒンデンブルクに対してはそうはいかなかった。ヒンデンブルクは開戦劈頭《へきとう》、ロシア軍に対するタネンベルクの戦闘で伝説的な大戦果をあげた将軍であった。その結果、軍人としては異例な、熱狂的な人気を大衆の間で博していた。つまり、一種の「国民的英雄」である。その彼を却けるのは、その背後にある世論を無視するに等しい。この圧力にヴィルヘルムは弱かった。こうして彼はヒンデンブルクらに押されるまま無制限潜水艦作戦を承認した。作戦は一九一七年二月に発動される。予期に違《たが》わず、アメリカはすぐにドイツとの外交関係を断絶し、そして宣戦布告した（同年四月）。アメリカの参戦は、第一次世界大戦の帰趨を決定する大きな節目となった。

潜水艦作戦にかぎらず、ヴィルヘルムは戦時中、総じて穏便な立場をとった。戦前の外政での姿勢と似ている。そして、皇帝の「弱腰」への不評が臣下の間で広まっていたのも似ていた。ある方面軍司令官などは、皇帝のあまりの優柔不断ぶりに業を煮やし、「かくも平和を好む人物を、神が世界大戦の重責に選びたもうた」ことを呪ったほどである。

だが、戦前の外政と同じく、彼の穏便論が通るわけではなかった。彼は、すでに国家の意思決定中枢から外されていた。それに、ヴィルヘルムには是が非でも自説を貫く意志力もなかった。なるほど、ときには彼が人事権をてこに、意向を強く押しだすこともあった。たとえば、ファルケンハインである。手腕に批判が多かったわりに、彼が参謀総長の任に結構長くとどまれたのは、ヴィルヘルムの擁護があったおかげであった。もっとも、特定の人物を優遇したからといって、その人物がどんな意思決定をするかまで彼が決められたわけではない。

ヴィルヘルムが「影の皇帝」にとどまっていたということは、つまり、ドイツは国家の存亡をかけた戦争の最中、政軍間の調整を欠いたままだったということである。その間、権力のバランスは軍部に著しく傾いていく。参謀次長のルーデンドルフが発言力を強め、軍事の枠を越えて政治の領域までも牛耳る状況が生まれたのである。「ルーデンドルフ独裁」と称される事態である。こうした統治上の致命的な欠陥に、ヴィルヘルムが多大の責任を負うことはまちがいない。

敗戦へ

一九一八年に入ると、戦局にたちこめる暗雲がいよいよはっきりしてきた。革命ロシアとの単独講和(一九一七年)で、ドイツはいったん東部での重圧からは解放されたが、しかし西部戦線で企てた乾坤一擲《けんこんいってき》の大攻勢は不発に終わった。その後は、新来のアメリカ軍の応援を得て優勢を強める連合国側を前に敗退が続いていく。一方、本国ではイギリスによる経済封鎖の影響や国内の生産不振で、深刻な食糧難が発生していた。日々の糧《かて》に不自由する国民の間では、長びく戦争に怨嗟《えんさ》の声がうねるようになった。

前線の兵士の苦難や銃後の人びとの生活苦を、ヴィルヘルムはほとんど理解していなかった。大本営という隔絶された空間で、そうした厳しい現実と無縁の日々を送っていたからである。戦況についても、好都合な報告だけを聞かされていたから楽観的であった。講和のあかつきに、戦勝国としてどんな領土要求ができるかと、皮算用していたくらいである。さすがに大戦末期になると、大本営に漂うただならぬ空気を彼も感じるようになるが、戦争の最終的な帰趨については毫も疑うことがなかった。

それだけに一九一八年九月二九日、謁見に参上したヒンデンブルクとルーデンドルフが述べた言葉に、ヴィルヘルムはわが耳を疑ったはずである。二人の軍首脳は、戦況はもはや絶望的であり、あとは連合国側に和を請う以外にないと奏上したのである。ヴィルヘルムはこのとき、驚きも怒りも見せず、彼らの言に静かに耳を傾けたという。だが、それまでの彼の状況からして、この平静ぶりは彼の覚悟のほどを示すものなどではなかったはずである。敗戦という、まったく予期せぬ現実を突きつけられ、茫然自失して言葉が出なかったものに相違ない。

嵐のような日々がはじまった。早急に連合国側と休戦交渉をはじめないと、軍が全面崩壊しかねない。しかし休戦のためにも、そしてまたその後の終戦処理全般についても、政府、軍部、政党の間ですみやかに意思統一を実現する必要があった。その過程で一大争点として浮上してきたのがヴィルヘルムの処遇である。

というのは、連合国側が休戦の条件としてドイツ側の体制一新を求めていたからである。これまで戦争遂行に関わってきた人物や勢力とは、平和にむけた話合いなど不可能だという。ヴィルヘルムはその筆頭である。それに、休戦交渉はさて置いても、国内情勢を考えるなら、ヴィルヘルムの責任問題は避けられなかった。最高指導者たる皇帝が敗戦という重大事の後もお構いなし、などということになれば、国民の不満が爆発するのは目に見えていた。

実際、国内の情勢もその間に急速に緊迫しつつあった。一〇月末には、北部ドイツのキール軍港で水兵たちが反乱をおこした。蜂起の環は見る間に広がり、やがて街全体が水兵たちの制圧するところとなった。ドイツ革命のはじまりである。

むろん、処遇といっても幅はある。憲法を改正して君主権限を大幅に削減するのも一案であった。イギリス風の議会主義的君主制に衣替えし、政治的発言権の拡大を求める国民の声にこたえようというわけである。しかし、これはすでに戦時中から議論にのぼっていた改革案であり、敗戦に伴う責任のとり方としてはあまりに微温的であった。

やはりヴィルヘルム個人の進退を問う必要がある。終戦処理にあたっていた宰相マクス・フォン・バーデンは、自身バーデン大公国の王族だが、この点ははっきりしていた。内閣は皇帝に退位を求めることに決定し、その旨の上奏をベルギーの大本営にいるヴィルヘルムに行った。一一月一日のことである。

当然のことながら、彼は憤然としてこれを拒絶した。退位は、人民と軍隊を見捨てることであり、君主の責務に反するという言い分である。代わって彼が言いだしたのが、軍を率いてドイツ本国に進撃するという案であった。自ら先頭に立って、武力で革命を鎮圧するというのである。大本営暮らしで、いかに現実感覚が麻痺していたかがわかる。

一一月九日

退位をめぐって綱引きが行われている間も、事態は日に日に深刻化した。革命派は大都市でつぎつぎと政権を樹立し、交通の要衝を占拠した。一一月七日には、バイエルンで王制が倒れ、共和制が宣言された。革命はいよいよドイツの政治秩序の根幹に及びはじめたのである。もはや一刻の猶予もならなかった。

一一月九日の朝一〇時、参謀総長ヒンデンブルクと次長ヴィルヘルム・グレーナー（ルーデンドルフの後任）が連れだって大本営を訪れた。ヴィルヘルムを説得するためである。グレーナーは、皇帝がドイツ進撃を命じても軍は従うまいし、それでも強行するなら、軍内部で反乱が生じると警告した。しかし、ヴィルヘルムと彼の側近は、それでも進軍案に固執する。大激論になった。

グレーナーは、それではむしろ、死地を求めて前線に出撃してはどうかと提案した。皇帝が戦塵《せんじん》のなかで名誉の戦死を遂げれば、彼個人と帝政にとっては大きな威信回復になる。思いきった提案である。しかしむろん、ヴィルヘルムの容《い》れるところではない。

議論が続く間に、ベルリンの宰相マクス公から電話が入った。ベルリンでも民衆が蜂起し、工場占拠がはじまった。さらに、軍からの脱走も頻発しているという。革命が首都に飛び火したのである。一刻も早く退位を実現し、民心をなだめる必要があった。ヴィルヘルムがそこで妥協案をもちだした。ドイツ皇帝として退位するが、ただしプロイセン王位にはとどまるというのである。見えすいた弥縫《びほう》策であった。プロイセンのもつ政治的、軍事的重みを考えるなら、実質上は何の改革にもならない。

軍が皇帝に従うかどうか、議論は果てがなかった。そこで、実際に兵士の意向を確かめてみては、ということになった。ちょうど前日、前線から大本営に呼びもどされていた一群の将校がいた。彼らが急遽よび集められた。総勢三九名である。彼らに示された質問は、皇帝が軍を率いてドイツに進撃し、秩序を回復することは可能と考えるかというものだった。将校たちの回答は明快で、疑問の余地がなかった。二三名が不可能と答え、可能という回答はわずか一名だったのである（残る一五名は「わからない」）。結果を聞かされたとき、ヴィルへルム以下一座はしばし沈黙せざるをえなかった。

ベルリンからは、その後も情勢悪化の報《しら》せが引きも切らない。だが、ヴィルヘルムは頑として譲らない。そこへ驚くべき報告が入った。昼前、宰相マクス公が独断で皇帝の退位を発表したというのである。宰相としては、事態が途方もない速度で動いているのを目のあたりにして、だれが何と言おうとこれ以上の猶予はありえないと判断したのであった。ヴィルヘルムは激怒した。臣下が勝手に君主を廃絶するなど、大逆罪ではないか。怒号する彼の声が室中に響いた。

しかし午後になって事態はさらに一歩進んだ。帝国議会の前に集まる群衆に対して、社会民主党の閣僚シャイデマンが共和国の樹立を宣言した。これも、何の権限にも基づかない一方的な宣言だったが、事態はそれほど進展していたのである。しかも、ここにいたって、焦点はもはやヴィルヘルム個人の進退ではなくなった。君主制そのものが問われるようになったのである。

夕刻五時、ヒンデンブルクがあらためて謁見を求めてきた。もはや退位と亡命しかないと、彼は諄々《じゅんじゅん》と説いた。他に手がないのはだれの目にも明らかであった。だが、ヴィルヘルムはなおも決心がつかなかった。夜一〇時になって、革命がドイツ西部の都市にも波及したとの報が入った。大本営のあるスパからはほんの二〇キロほどである。とすれば、この大本営にも革命側の兵士がいつ何時現れてもおかしくない。

ヴィルヘルムは無言で、一座の者の顔をつぎつぎに眺めた。問いかけるようで、それでいてこみ上げてくるものを必死に押さえているような、妙な眼差しだったという。それから、彼は言った。「わかった。それしかないなら、な」

長い一日が終わった。同時に、三〇年におよぶ彼の治世が終わり、五〇年におよぶドイツ帝国と二世紀におよぶプロイセン王国が終わった。

優柔不断の対価

翌日、一一月一〇日の朝五時、ヴィルヘルムはスパの大本営を列車で発《た》った。めざすはオランダである。途中で自動車に乗り換えた。前途の駅が革命派の手で押さえられる懸念があったからだった。張りつめた雰囲気のなか、自動車に乗ること小一時間、彼は無事に国境を越えることができた。こうして、話は本書「まえがき」の寒村アイスデンでの風景につながるのである。

逃避行の間――そして、その後の亡命生活でも――彼は内心、自分がどんな誤りを犯したのかをくりかえし自問したろう。むろん、納得いく答は見つからなかった。当時の出来事の全体を見渡せる今日のわれわれにとっても、答を見つけるのは容易でない。ドイツが外政上の難局に陥り、ついには世界大戦勃発にいたったことに、むろんヴィルヘルムには相当の関わりがある。しかし、彼のどの行動が、大戦という惨禍と彼個人の運命の変転の引き金となったかは、にわかに断じがたい。当時、敵味方それぞれの国で外政に携わった者は、だれもがそれと自覚しないまま、大戦の招来に手を貸した。すでに述べた比喩を使うなら、ヴィルヘルムもそうした「夢遊病者」の一人なのであった。

ただ、敗戦必至が明らかになってから亡命までの一ヵ月に関しては、彼の過ちははっきりしている。決断を再三先送りにしたことである。早い段階で先を見越して思いきった手を打っておけば、事態の展開はかなり異なったはずであった。

たとえば退位についても、それを余儀なくされる前に、自ら進んで決断すべきであった。そうすれば、その後の展開が大きく変わったのは疑いない。というのも、終戦処理にあたった政権党の社会民主党も当初、皇帝個人の退位だけを考えていたからであった。社会主義を奉じる同党は元来、専制的な皇帝制度へのもっとも鋭い批判者だったが、その社会民主党ですら、君主制の存続を容認していたのである。

だから、たとえばヴィルヘルムが自分の孫に譲位すれば——息子の皇太子は国権主義的な言動が多く、父親と同類と見られていた——、事態を収拾する見込みはかなりあった。ところが、ヴィルヘルムは最後の最後まで王位に未練がましく執着し、その結果、せっかくの可能性を自ら摘んでしまった。

最後の局面では、グレーナーの勧めたごとく、死地に赴くという手もあったかもしれない。むろん、そう成算のある方策ではない。名誉の戦死を遂げるはずが、敵軍の手に陥って捕虜となってしまいかねないからである。普仏戦争末期のフランスのナポレオン3世の例もある。あるいは、もし革命派に捕まれば、人民裁判の見世物にされるか、あるいはロシアのニコライ2世のように処刑という非業の最期を迎えたかもしれない。

ただ、追い込まれたときは、逆に機先を制することも必要である。死中に活を求めるような手を打てば、逆に主導権を握れるかもしれない。一方、事態の展開の後を追いかける対応に終始するなら、結局はそれに引きずられるのみである。

だが、ヴィルヘルムはこうした果断さとは無縁の人物であった。彼は優柔不断を続けて、結果的に救えるものまで全部失ってしまった。もっとも、彼の生涯を見てきたわれわれには、それはいかにも彼らしい対応に思える。

第五章　晩　年

ヴィルヘルム２世、75歳（1934年）

単調な日々

彼はひたすら木を伐った。九時過ぎに朝食を終えると、外に出て伐採作業にかかるのである。木を伐っては一メートルほどの暖炉用の薪にする。なかには結構な直径のものもあるから、かなりきつい作業である。日に三時間、ヴィルヘルムはこの仕事に出精した。後には、電動ノコギリまで買ったくらいである。こうして、一〇年ほどの間に庭園にあったカシやモミなど、三〇〇〇本ほども伐り倒してしまった。その後は若木を植えるのだが、むろん追いつかない。

樹木の伐採とは変わった趣味である。戦時中、大本営で暮らしていたときの時間つぶしが日課となったわけである。加えて、健康への配慮もあった。ヴィルヘルムはもともと健康には気を遣っていて、若いころから乗馬など運動を欠かさなかった。

老齢の今も、食事は質素で大食はしなかったし、酒はほとんど飲まなかった。タバコも度を越すことはない。おかげで、彼はドイツ人にありがちの肥満とは無縁だった。若いときの外見と変わったところといえば、髪がすっかり白くなったことと、例の「カイゼル髭」に加えて顎鬚《あごひげ》を生やすようになったことくらいだった。

もっとも、ほかにすることがなかった、ともいえる。朝七時に起床し、まず長い散歩をする。朝食を済ませると、午前は樹木の伐採や、あるいはその他の庭仕事に費やす。それから昼食である。食後少々昼寝をし、その後執務をする。といっても、公務があるわけではないから、新聞に目を通したり、趣味の考古学関係の文献を読んだりすることが多い。回顧録の執筆や口述もこの時間帯である。なお、書斎には、ベルリンの王宮からもってきたお気に入りの鞍型の椅子が置いてあった。執務の合間にお茶の時間が入る。

ドルンでのヴィルヘルム２世の書斎　愛用の鞍型の椅子が見える

夕食は夜の八時と決まっていた。食後はしばしばサロンでちょっとした読書をしたり、家族と談笑する。そして、夜更かしをすることもなく、一一時には床につく。型にはまった生活である。この日課をヴィルヘルムは毎日、判で押したように几帳面《きちょうめん》にこなした。

単調な生活のリズムが崩れるのは、来客があったときである。息子や娘、あるいは旧王族の友人や以前の臣下がドイツから訪ねてくる。あるいは、愛車の大型メルセデスで——ベルリン時代から、車は彼の趣味であった——近隣をドライブすることもある。しかし、遠くにまでは足を伸ばせない。彼はオランダ当局の監視下にあり、移動が制限されていたからである。

ドルンの城館

ここ中部オランダの村ドルンでの住まいは、堀に囲まれた中世風の城館である。六〇ヘクタールほどの敷地が付属していて、木立やバラ園、池がある。オランダへの逃亡後、彼はしばらくアーメロンヘンというところの現地の貴族の邸《やしき》に寄寓《きぐう》した。ややあって、そこからさほど遠くないドルンの城館を買い求め、一九二〇年春に移り住んだのである。これが彼の終《つい》の棲家《すみか》となった。

城館といっても、その規模は以前のベルリンやポツダムの王宮とは比べるべくもない。だがそれでも、側近や執事、侍医《じい》、それに身の回りの世話をしてくれる使用人が総勢五〇人ばかりもいて、小さいながらも一種の宮廷の体ではあった。ヴィルヘルムはかねてより、イギリス風の郷紳（カントリージェントルマン）の生活にひそかに憧れていたのだが、それが今亡命で実現したといえる。

物質的にも憂いのない生活であった。古今の革命では、君主の財産は一切合財没収というケースが珍しくない。しかし、ドイツの場合、帝政廃止後の共和国政府は旧君主家に概して寛容であった。プロイセン王家についても、ホーエンツォラーン家としての私有財産については、ヴィルヘルムに所有権を認めたのである。

こうして、たとえば戦前に彼が所有していた六〇あまりの城館・宮殿のうち、二〇が彼の手にもどった。亡命先にもちこまれた家財だけでも食卓用銀器が一五〇〇〇個以上、オリエント絨毯《じゅうたん》が一〇〇以上あったという。ドルンにはとうてい入りきれないくらいである。一九二九年の時点で、ヴィルヘルムの資産は五五〇〇万マルクにのぼり、それからあがる利子が年に一九〇万マルクあった。

世界大戦中、ヴィルヘルムは大本営暮らしで庶民の辛酸と無縁だったが、亡命時も同じであった。彼がドルンでの生活に入ったちょうどそのころ、ドイツはまさしく混乱の極致にあった。革命と内戦の嵐が吹き荒れ、それが終息したかと思うと、今度は天文学的なインフレが国民生活を崩壊の淵に追いやった。インフレの影響をヴィルヘルムも受けなかったわけではないが、しかし所詮、今の彼にはどれも国境の彼方《かなた》の出来事であった。

総じて言えば、結構な老後生活である。もっとも、それは第三者のわれわれから見たときの話で、当のヴィルヘルムがそう感じていたかどうかは別問題である。

実際、ヴィルヘルムは現在の安楽に浸りきる気分ではなかった。まず、とくに亡命当初は、彼は自らの生命身体を本気で心配しなければならなかった。というのも当時、国の内外でヴィルヘルムこそ大戦の元兇《げんきょう》と見られていたからである。第一次世界大戦は、過去に類例のない犠牲と破壊をもたらした。たとえば死者は、軍人だけにかぎっても、敵味方合わせて一〇〇〇万人を超えた。大戦後、戦禍のあまりの巨大さに、これをひきおこした責任を厳しく追及すべきだという議論が国際的にわきおこったのも不思議ではなかった。議論は当然、勝者の論理で進む。大戦勃発はすべてドイツのせいとされた。そうなると、責任者として筆頭にあがるのがヴィルヘルムである。

戦争の惨禍をもろに受けた英仏では、こうした議論がことに盛んだった。それぞれの首相のロイド・ジョージやクレマンソーを筆頭に、戦争犯罪を扱う特別の国際法廷を組織して、そこへヴィルヘルムを引きずり出すのだ、といきり立つ向きが少なくなかった。英仏だけではない。連合国の間ではこの点、広く合意があった。大戦後のヴェルサイユ講和条約の第二二七条には、旧ドイツ皇帝を「国際的道徳と条約の不可侵性」に対する罪で訴追し、戦勝国側の判事で構成する公開法廷で審理にかける旨が明記されたのである。

典型的な「勝者の裁き」である。もしヴィルヘルムが裁判にかけられたなら、どんな判決が下されただろうか。連合国側の一部には、英領フォークランドのような孤島への追放刑に処すべきだという論もあったが、国際世論の憤激ぶりを考えれば、単なる流罪ですんだかどうかは疑問である。

もっとも結果的には、ヴィルヘルムは戦犯法廷への出廷という悪夢をまぬかれた。これはひとえにオランダ政府のおかげであった。一九二〇年に連合国側から正式にヴィルヘルムの身柄引き渡しの要請が行われたが、オランダは亡命者に対する庇護《ひご》義務という理由から、断固としてこれを拒んだ。政府間で綱引きが行われているうちに、やがて戦争犯罪論議は立ち消えの体になった。もっともその一方で、ヴィルヘルムを秘かにねらう暗殺や誘拐の風聞も絶えなかったから、気の休まることはなかったのである。

慰めのない家庭生活

家庭生活も順風とはいえなかった。皇后のドーナは大戦末期から体調を崩していた。心臓病であった。そこへ敗戦、亡命と心労が重なったためだろう、彼女はオランダに移ってまもなく、一九二一年に亡くなった。良妻賢母タイプだったドーナは万事に控えめで、表だった振る舞いを好まなかった。その点にヴィルヘルムは物足りなさを感じることはあったが、他方、彼女は芯はしっかりしていた。四〇年におよぶ結婚生活で、ドーナが気弱なヴィルヘルムを支えたり励ましたりしたのは一再ではない。長年連れ添った妻に先立たれて、ヴィルヘルムの受けた打撃は想像に難くない。

もっとも、彼女の死後ほどない一九二二年、ヴィルヘルムは再婚する。六一歳のときである。老いらくの恋の相手はヘルミーネという三五歳の未亡人で、帝政時代の小邦国の君主家の出身であった。ヴィルヘルムはこの恋にすっかりのめり込むが、さてヘルミーネはどうであったか。側近たちの間では、彼女が親子ほども年の違うヴィルヘルムと結婚したのは、打算によるものという噂《うわさ》がもっぱらであった。将来、もし帝政が復活すれば、「皇后」になれるというわけである。それかあらぬか、夫婦仲は結婚後、一年も経たないうちに冷却した。

ヴィルヘルムには息子が六人いた。だが、傾いた家運を安んじて託せるような者は見当たらなかった。同名の長男ヴィルヘルムは旧皇太子だが、若いころから「女と馬にしか興味がない」と陰口をきかれるような人物である。そのくせ政治的野心は旺盛で、その極右的信条の赴くまま、しばしば独断的行動をとって父親のヴィルヘルムと衝突した。あるいは六男ヨアヒムのように、性格粗暴でまっとうな人間関係が築けない人物もいた。ヨアヒムはあげくには若くして自殺してしまう。

元来、ヴィルヘルムは家庭の団欒《だんらん》に好んで時間をさくタイプではなかった。それをカバーしていたのが皇后のドーナだったのだが、彼女が亡くなってからは、父子の折り合いはいよいよ悪くなった。親子らしい交情があったのは唯一、末子で一人娘のヴィクトリア・ルイーゼとの間だけであった。

憤懣と怨恨

ドルンでのヴィルヘルムを何よりも苛んだのは、燃えるような憤懣と怨恨《えんこん》であった。ドイツ皇帝の自分は、ヨーロッパ大陸の覇者たるべきだったはずである。ところが実際には今、オランダの片田舎に逼塞《ひっそく》している。挙動は監視され、政治活動は厳禁という不自由な生活である。故国ドイツには足を踏み入れることさえ認められていない。いったい何のゆえをもって、自分はかくも不当な境遇を強いられるのか。

この問いを、彼は自らにくりかえし投げかけたはずである。何をいつ自分は誤ったというのだろう。だが、わが身の来し方をいくら顧みても、いっこう答は見つけられない。答がないのはなぜか。それはすなわち、自分にそもそも咎がないからにほかならない。とすれば、悪いのはひとえに他のだれかである——独善癖のあるヴィルヘルムがこう考えるのはいわば必然であった。

彼は、自分の潔白を証する壮大なストーリーを考え出した。いわく、諸悪の根元はユダヤ人、フリーメーソン、イエズス会である。彼らは、神の正義を体現するプロイセン王国とドイツ帝国を敵視し、これを破滅させるべく、手を携えて陰謀をめぐらした。これら悪の勢力は、秘密のネットワークを通じて連合国の政治を牛耳り、無辜《むこ》のドイツに世界大戦をしかけさせた。ドイツ国民を瞞着《まんちゃく》して大戦末期に革命をおこさせたのも彼らである。それによって、英仏に対して今にも勝利をおさめんとしていたドイツ軍は、突然背後から切り崩された。こうして戦局は一転した。その結果ドイツは敗亡し、帝国は破滅したのだ、と。

なかでもヴィルヘルムが敵意を向けたのがユダヤ人である。以前から彼は反ユダヤ的偏見を抱いてはいたが、亡命生活がそれに拍車をかけた。今や彼は公然とユダヤ人を攻撃してはばからなかった。「ヘブライ人種は、国内でも国外でも朕の宿敵である。彼らは昔も今も、つねに虚説を振りまき、騒擾《そうじょう》、革命、体制崩壊を黒幕として演出してきた。……彼らにはしかるべき罰をくださねばならない」と。

荒唐無稽きわまる妄想である。もっとも、このストーリーは決してヴィルヘルムひとりのものではなかった点は注意したい。同様の思考パターンは当時、ナショナリズムに凝りかたまった極右勢力の間では広く見られた。たとえば、ユダヤ人やフリーメーソンを悪の権化と見るのは、狂信的な右翼の定番的な観念である。また、勝利の間際にあったドイツ軍が革命派による裏切りの犠牲になったという言説も、急進ナショナリストが「背後からの一突き」

というスローガンで広く喧伝《けんでん》したものであった。こうした思考風土から育ってきた政治勢力の一つがナチズムである。その意味で、ヴィルヘルムとナチズムとの間に一種の親和性があったわけである。

ドルンでの晩年、ヴィルヘルムは数冊の回顧録を著した。しかしそれは、人生の夕暮れから来し方を達観する、という体からはほど遠いものであった。全篇通じて、自己弁護と責任転嫁だけが目だつのである。一方、都合の悪いことはふれずに置くので、叙述が穴だらけになっている。ときには自分を正当化しようと急なあまり、彼は史実の歪曲《わいきょく》や無体な強弁も厭《いと》わなかった。あまりの事実歪曲ぶりに、旧側近のなかですら眉をひそめる向きがあったくらいである。

単調で窮屈な亡命生活のなかで鬱々として楽しまぬ日々を送るうち、彼の精神状態は不安定になった。気分が激しく上下した。たとえば、側近の将軍にむかって、貴下はドイツ軍のなかで唯一まっとうな仕事をした軍人だと大仰に褒めたかと思うと、次の日には、この将軍をイギリスに通謀した卑劣な裏切り者だと口をきわめて罵倒《ばとう》する始末である。関係者の間では、彼の精神が異常をきたしたという噂がめぐった。

そのなかでヴィルヘルムは、邪悪な「敵」の陰謀の犠牲になったという妄想にいっそうとらわれていった。

共和国への憎悪

自分を今の惨めな境遇に追い落とした元兇だと、ヴィルヘルムがユダヤ人とならんで憎悪したのがベルリンの共和国政府であった。彼にしてみれば、ワイマール共和国は権力簒奪者《さんだつしゃ》たちが作った不当な体制であった。彼はこれを持ち前の悪口癖で「糞《くそ》共和国」と口汚く罵《のの》った。政府要人にも誹謗《ひぼう》を浴びせた。共和国初代大統領で社会民主党首のフリードリヒ・エーベルトは、「折り紙付きのボルシェヴィキ」であり、グスタフ・シュトレーゼマン（首相、外相を務めた）は「恥知らずの裏切り者」であった。一九二〇年春、ドイツでは革命の余燼《よじん》さめやらぬなか、共和国打倒をめざした右翼勢力によるクーデタがおこったことがある（いわゆるカップ＝リュトヴィッツ一揆《いっき》）。その報に接したヴィルヘルムはおおいに上機嫌で、シャンパンを開けてお祝いをした。

ヴィルヘルムはヒンデンブルク――エーベルトの後を継いで一九二五年以降、共和国大統領の任にあった――をも激しく嫌った。大戦中、参謀総長としてヴィルヘルムに仕えたあのヒンデンブルクである。生粋のプロイセン軍人だったヒンデンブルクは、保守的、君主主義的心情の持ち主でもあった。だから、本来ならヴィルヘルムが歓迎してもよさそうなものである。しかし、ヴィルヘルムはあの一九一八年一一月九日、ヒンデンブルクが自分に亡命を強いたことが忘れられなかった。それに今、大統領として最高権力をもちながら、ヒンデンブルクは旧主たる自分のドイツ帰国に向けていっこうに動こうとしないではないか。裏切りに裏切りを重ねる卑劣漢だとして、ヴィルヘルムには彼が赦せなかったのである。

共和国を支えるドイツ国民大衆も、ヴィルヘルムにとって唾棄《だき》すべき存在であった。国を愛することも知らず、烏合《うごう》の衆の集う議会に唯々として従う、度しがたい衆生であった。しかも、単に無知蒙昧《もうまい》だというだけでない。彼らは、革命によって主君を放逐するという、赦《ゆる》しがたい「不忠」をはたらいた。ドルンでの亡命中、旧軍人の団体がヴィルヘルムに寄付を求めてきたことがある。戦傷で身体障害を負った人びとの生活を支援するためであった。しかし、彼はにべもなくこれを拒んだ。

つまるところ、ヴィルヘルムは、自分以外のあらゆる者に憤りを向けた。まるで、当たるを幸い、留《とど》まるところを知らぬという趣であった。ドルンでの生活の外面での安楽さとはうらはらに、彼の内面では憤怒《ふんぬ》の情が荒れ狂っていたわけである。

そんな彼を唯一支えてくれたものが、帝政復活への願望であった。晴れてベルリンに戻り、再びドイツ皇帝、プロイセン国王として君臨する日が来ると、彼は熱く信じた。共和国の衆愚政治の下でドイツは今、混迷を深める一方ではないか。いずれ国民は目覚めるはずである。そうして、君主制がいかにすぐれた統治形態であり、それを廃止したのがいかに愚行であったかを悟るだろう。そうなれば、王座に復帰する道は拓《ひら》ける。そして復位したあかつきには、欺瞞《ぎまん》に満ちた共和国の制度を一掃し、代わって全国民の意思に真に立脚した「国民帝政」を実現するのだと。

もちろん誇り高いヴィルヘルムにとっては、国民に膝を屈して、自分のほうから復位の話を持ちだすなど、論外であった。「不忠」を悔悟した臣民が、代表団をドルンに送ってきて、ヴィルヘルムの前にひれ伏し、復位を嘆願する形でなければならない。嘆願に動かされた慈悲深い君主として、割れんばかりの歓呼を浴びて帰国する、というのが彼の思い描く筋書きであった。

身勝手な話である。国民をとことん軽侮しておきながら、その国民がいつか自分になびくというのだから。あるいは、現実離れした願望でもあった。共和国の下でたびたび行われた国会選挙のどの結果を見ても、帝政復活の機運がほとんど広まっていないことは明白であった。

しかし、ヴィルヘルムは帝位への夢に執着した。現実が厳しくなればなるほど、最後の希望にすがる気持ちは強くなった。この希望が実現するには、何よりも国民の間に皇帝を待望する声が高まる必要がある。それはいかにして可能か。ここに、ナチスとの接点が浮かびあがってくる。

ナチスへの期待

右翼の群小政党の一つにすぎなかったナチ党が、政治の表舞台に躍り出たのは一九三〇年のことである。前年にニューヨークに端を発した世界恐慌がドイツにも波及し、それをうけてドイツの政治社会情勢は見る間に不安定になった。その混乱に乗じるように、ナチスは三〇年九月の国会選挙で大躍進した。議席数を一挙に九倍にまで伸ばし、社会民主党につぐ第二党となったのである。

ナチスへの接近　ヒトラーと談笑する旧皇太子ヴィルヘルム

ナチスはワイマール共和国打倒、ヴェルサイユ体制打破を政綱の柱とする政党である。また先述のように、ナチズムのイデオロギーはヴィルヘルムの世界観とある種の共通点があった。とすれば、ナチスと組んでその大衆運動のエネルギーを利用すれば、とヴィルヘルムが考えたのは不思議ではない。ハーケンクロイツの旗のうねりに乗って、帝政復活への澎湃《ほうはい》たる世論を生みだせるはずである。

機会到来と考えたのはヴィルヘルムだけではなかった。ホーエンツォラーン家は、いわば一家を挙げてナチスをとりこもうとした。たとえば、四男のアウグスト・ヴィルヘルムと五男のオスカーは、連れだってナチ党に入党した。長男の旧皇太子ヴィルヘルムも、右翼勢力の要人との接触を重ね、そのなかでヒトラーと数度にわたって会見した。一九三二年には、旧皇太子ヴィルヘルムをナチ党の候補として大統領選挙でかつぐ計画すら生まれた（もっともこれは実現しなかったが）。一方、ヴィルヘルムに負けず劣らず帝政復活に執心だった妻のヘルミーネも、ヒトラー以下、ナチスの要人にしきりに接近した。

ワイマール末期、ドイツの政局は激しく動揺する。それをヴィルヘルムは強い関心をもって見守った。ナチスをはじめ右翼勢力が台頭すれば、それだけ復位の見込は強まるのである。ヴィルヘルム自身もナチスに秋波を送った。一九三一年には、ナチ党の実力者ヘルマン・ゲーリングがドルンを訪問し、ヴィルヘルムと長時間にわたって親しく懇談した。彼は翌年にもドルンを訪れる。次には党首ヒトラーの来訪、と期待が高まった。ナチ党と正式に手を握る日も遠くあるまい――。

ところが、ナチスとの関係はここまでであった。実はこれ以前から、ナチスはヴィルヘルムら旧プロイセン王家にどう対応するかについては用心深くふるまっていた。党要人は、帝政復活に含みをもたせるような発言はしても、確約することは慎重に避けていた。ところが、このころ以降、ホーエンツォラーン家に対するナチ党の態度は目だって冷淡になっていくのである。

一九三三年一月、ヒトラーは首相に任命された。ナチス政権の誕生である。ヴィルヘルムはついに宿願実現、と狂喜した。だが、これはぬか喜びであった。ナチス政権がヴィルヘルムらの期待に沿うものでないことはやがて明らかになった。ヴィルヘルムの帰国禁止は、依然として解除されなかった。何よりも、ヒトラー自身が君主制の復活などありえないと断言したのである。

ヴィルヘルムはそれでも望みを捨てなかった。ホーエンツォラーン家の面々も、翻意を求めてナチ党に懸命に働きかけを続けた。だが、独裁者は一顧だにしなかった。そして一九三四年、ヴィルヘルムの願望は決定的に砕かれる。この年二月、ナチス政権はあらゆる君主主義団体を禁止し、解散を命じたのである。帝政復活への望みは完全に絶たれた。

同床異夢

ヴィルヘルムには、これは大きな衝撃であった。しかし、こうした展開になるのは不思議ではなかったのである。ヴィルヘルムがナチスに接近したのは、共和国打倒のために共闘を組むためである。ナチスの側としても、これをむげに拒む理由はなかった。当時は党はまだ勃興の途上にあり、旧皇帝のもつ権威は勢力拡大の方便として利用価値があったからである。

だからこそ、ときには帝政復活への賛同を匂わせるような言動もとった。

しかし、ナチスの党勢が伸長し、政治勢力としての地位が固まると、それに比例して方便の必要性は減る。そして、政権奪取に成功したあかつきには、方便はもはや完全に用済みである。それどころか、旧皇帝の威信は危険ですらあった。場合によっては、ナチス体制をゆるがす対抗権威になりかねないからである。ナチ・ドイツが帝政復活をしりぞけ、さらにはヴィルヘルムに対して警戒的になったのは当然であった。

そもそも、ナチズムという政治勢力とヴィルヘルムの抱く君主主義理念の間には、根本的なズレがあった。ナチスは大衆政治の申し子である。ナチ党が理想として掲げる「民族共同体」では、国民大衆は共同体の一員として互いに平等であり、唯一の支配者たる総統ヒトラーに服従する。この大衆を、ナチス体制は高度に整備された警察国家的体制で抑圧する一方、党組織とプロパガンダを使って効率よく操作し、動員した。

つまり、ナチスの「民族共同体」の観念は、産業化・都市化のなかで原子《アトム》化された大衆からなる、一種の無階級的な社会であった。一方、ヴィルヘルムの奉じる君主制統治は、身分ごとに権利・義務が編成された、封建時代以来の社会組織に基礎を置くものである。水と油と言ってよい。また、独裁者ヒトラーの絶対的地位は、出自や地位に無関係に、彼個人の人格にそなわった超越的なカリスマ的権威にもとづくものであった。これと正反対に、ヴィルヘルムの誇りは、数百年のホーエンツォラーン王朝の歴史に根ざす伝統的権威であった。つまり、反ワイマールの看板が共通するだけで、ヴィルヘルムとナチスはたがいに相容れるものではなかった。これほど異質な相手に、ヴィルヘルムが期待をかけたことがそもそもの誤りだったわけである。だが、これほど明らかなズレにどうして彼は気づかなかったのか。

一言でいえば、それはヴィルヘルムの政治観の古さのゆえ、ということになろう。一九世紀の後半、栄えある王朝の嫡子として生まれ育ったヴィルヘルムの脳裡《のうり》には、共和制か君主制かという二者択一の図式しか存在しなかった。いわば、一九世紀的な政治観である。その図式からすれば、共和国打倒を掲げるナチスは、イコール帝政復活を目ざす勢力ということになる。二〇世紀の大衆社会では、異次元の政治選択が出現していたことに、ヴィルヘルムは思いがおよばなかったのである。

最晩年の日々

ヴィルヘルムにはもう手だてがなかった。ナチス体制が転覆でもしないかぎり、帝政復活などありえなかったが、ヒトラーの独裁体制はいよいよ固まっていくばかりであった。ヴィルヘルムは依然、いつの日かドイツ国民が彼を迎えにくるはずとの望みは捨てなかった。強気ゆえか、それとも未練の強さか。あるいは、いくら見込みが薄かろうと、この希望にすがる以外に生きる意味が見出せなかったためだろうか。

しかしその彼にしても、見通しが暗いことは認めざるをえなかった。このころ、ヴィルヘルムは自分の葬儀について指示を書き残している。このまま、皇帝としてドイツに迎え入れられることなく死んだ場合、遺骸はドルンに葬るように、との内容であった。

同じころ、ヴィルヘルムは別の覚書で、次のようにも書き記している。いわく、祖国の繁栄こそ、自分の生涯最大の念願であった。自分はそのために君主として、人民の安寧と福利に最善を尽くし、また平和を維持せんと懸命に努めた。しかし――、と彼は続ける。自分のその努力をだれも認めようとはしない。それゆえ、もし自分が祖国繁栄を実現できなかったというなら、それは自分の咎ではない。自分にはもはや祖国も王冠もないが、高貴な犠牲者、名誉ある殉教者として世を去るのだ、と。

自分の宿願をうち砕いたナチスに、ヴィルヘルムは憎悪を抱いた。彼はドイツの内政状況への批判を、側近や、おりおりの来訪客を相手に激しい言葉でぶちまけた。たとえば、一九三八年にナチスが全国規模でユダヤ人迫害を実行した（いわゆる「水晶の夜」事件）とき、ヴィルヘルムは「故国でおこっていることは恥辱だ」と憤激した。これがドイツ本国でなら、すぐにゲシュタポに拘引されるところだが、幸いここはオランダである。ただ、彼が異国の地でいくら毒づいたところで、ドイツの現実は何も変わるものではない。

ナチスのユダヤ人迫害を攻撃したからには、ヴィルヘルムは自らの反ユダヤ的偏見は捨てたのだろうか。そうでないところが彼らしい。彼は以前と変わらず、ユダヤ人のもたらす害を言い募った。それどころか、ユダヤの陰謀の犠牲者だという被害妄想はむしろ強まりさえした。ユダヤ人を片づけるのに最良の手段は毒ガスだと、まるで後のナチスのホロコーストを先取りしたような言辞を吐いたことすらある。

一九三九年九月、第二次世界大戦がはじまった。ヴィルヘルムはドイツ軍が緒戦で大々的な戦果をあげ、快進撃を続けるのを見て、まるで子どものように狂喜した。翌年六月、フランスが降伏し、休戦協定が調印されたとき、ヴィルヘルムはヒトラーに祝電を打った。ヒトラーには怨み骨髄であったが、それよりも第一次世界大戦での敗北の溜飲《りゅういん》を下げた喜びのほうが大きかったのである。

一九四〇年五月、オランダはドイツに占領された。ドルンにもドイツ軍が進駐してきた。ヴィルヘルムは、久しぶりにドイツ兵の軍服を見ておおいに喜んだ。だが、亡命生活がこれで終わるとの期待はすぐに失《う》せた。ナチスは依然として旧皇帝に対する警戒を解かなかったからである。ドルンの城館はナチ党の親衛隊の監視下に置かれた。

ヴィルヘルムは長く健康を保った。運動と節制を律儀に守ったおかげである。変わったことといえば、晩年になって、寒くて湿気の多いオランダの冬を乗り切るため、食後にウィスキーを少々たしなむようになったことくらいか。

一九四一年三月、彼は庭園での樹木伐採の作業中に発作で倒れ、一時意識を失った。病床についたヴィルヘルムが起きあがることはもうなかった。家族がよび集められた。最後の言葉は「妻をよんでくれ。別れを告げるのだから」だったという。ヴィルヘルム2世が世を去ったのは一九四一年六月四日である。八二歳であった。

恵まれた人生、あるいは歴史に翻弄された人生

ヴィルヘルムが没した半月後、ドイツ軍は突如国境を越えてソ連領内に進撃した。対ソ戦の始まりである。同時にそれは終わりの始まりでもあった。対ソ戦はやがて第二次世界大戦の戦局全体の転機となり、ついには一九四五年のナチス・ドイツの敗北につながっていくからである。ヴィルヘルムが後数年生きながらえていたら、祖国の敗戦と焦土と化した国土を目のあたりにすることになったろう。その憂き目を見ずにすんだという意味で、彼は幸運であった。

幸運といえば、ヴィルヘルムの晩年全体もそうであった。一九一八年以降、二〇年以上にわたって、彼は亡命先で身の安全を保証され、物質的に何不自由のない余生を送ることができた。第一次世界大戦後、ヨーロッパ中を吹き荒れた革命により逐《お》われた当時の王侯貴族の

なかには、悲惨な最期に遭い、あるいは貧窮に陥った者も少なくない。それを思えば、ヴィルヘルムはたしかに恵まれていた。

さらに亡命以前、ヴィルヘルムは大陸ヨーロッパ随一の大国の君主として、権力、富、栄誉のどの点をとってもこれ以上ない地位にあった。この特権的地位を彼は三〇年にわたって享受した。しかも、――彼が公務精励型の君主ではなかったために――栄華と贅《ぜい》を存分に味わう余裕をもてたのである。

こう考えるなら、ヴィルヘルムの人生は実に恵まれていたといえる。一九世紀後半から二〇世紀前半のヨーロッパといえば、二度の世界大戦に示されるように激動の時代であった。多くの人びとが、そのなかで筆舌に尽くせぬ辛苦や惨禍を経験した。しかし、ヴィルヘルムはそのほとんどを免れた。

しかし、彼自身がそう思ってはいなかったのは明らかである。

自分が引き続きドイツの支配者であったなら、第二次世界大戦で自ら最高司令官としてドイツ軍に輝かしい戦勝をもたらせたに相違ない。ところが実際には、自分はそれを傍観者として眺めるだけである。亡命先では、自由のない窮屈な生活を強いられた。あれほど望んだ帝政復活も実現せず、ついに故国に再び足を踏み入れることすらなかった。第一次世界大戦前、ドイツ帝国をヨーロッパ大陸の覇者たらしめんと努めたにもかかわらず、イギリスに阻まれた。あげくに、革命と退位の憂き目に際会し、父祖以来数百年続いた歴史に拭いがたい汚点を残した――彼の言い分はおそらくこんなところだろう。悲劇に翻弄された不幸な人生というわけである。

われわれの見方とは正反対である。もっとも、おのれの人生をどう見るかはその人の自由である。それに、悲劇の人生だったとする見方にも一分の理があることも事実である。ただし、それは彼のいう意味においてではないが。

国民国家化への貢献

若き皇帝として即位した当初から、ヴィルヘルムは、ドイツ帝国を名実ともに統一された国民国家に作りかえたいという願望をもっていた。当時のドイツは、邦国のモザイク的な寄合所帯という性格が強かったし、人びとは旧来の地域的心情を抱いていた。ヴィルヘルムは国制を「帝国」の下に均一化し、人びとを単一の「国民」に一体化したいと考えた。そして自らは、その統一国家の頂点に立つ君主として、全国家機構の上に君臨し、またあらゆる国民から等しく敬慕される支配者となるのである。言いかえれば、「国民皇帝」になるのが彼の宿願であった。

国民国家への流れは、ドイツを含めて多くの国に共通する、近代を貫く大きな趨勢であった。国力をより効率よく動員するためには、国家としての斉一性や凝集力を高めるのが最善の方途だったからである。国民国家化の試みは、帝政ドイツにおいてはかなりの成功をおさめた。当初、国家連合として出発したドイツ帝国は、次第にベルリンの帝国政府が代表する単一の国家として体裁を整えた。一八七一年にはまだプロイセン人、バイエルン人などという自己認識が強かった人びとは、半世紀後の一九一四年には「ドイツ」の愛国主義の下に、勇躍して前線へと向かったのである。

時代のこの趨勢を、ヴィルヘルムはたくまずして後押しした。彼は自らを何よりも「ドイツ皇帝」と考え、帝国トップとしての地位と権限を高めることに意を用いた。第二章で説明したように、国家機構がなお邦を単位とするタテ割りになっていたなかで、彼は海軍など、帝国に直属する政府部門の拡充を進めた。あるいはまた、「セダン記念日」をはじめとして、帝国の一体性を演出する象徴や儀式を積極的に奨励した。

さらにヴィルヘルムは、大衆との間に直接的で情動的な絆《きずな》を結ぼうと努めた。国内各地の祝祭や行事に頻繁に出席し、さらには数多くの演説を通じて国民に直接語りかけた。また写真や映画など、時代最先端のメディアを利用して、庶民に近しい存在たろうとした。この点、ヴィルヘルムは時代に先んじていたといってよい。

帝政の半世紀、ドイツの国民国家化が大きく進展した過程を見渡すとき、君主としてのヴィルヘルムの貢献は決して小さいとは言えまい。

もっとも、割り引く必要はある。今述べたとおり、彼のこの行動には「たくまずして」という但し書きがつく。というのも、彼の行動は別段、国民国家への統合というような理念に動かされたものではなかったからである。ヴィルヘルムが帝国君主としての栄光を追求し、あるいは広く国民大衆の人気を求めたのは、何にもまして自己顕示欲や名誉心によるものであった。ただ、このきわめて個人的な動機が、時代が彼に求めたものとはからずも合致した。それは、彼にとって大きな幸運であった。

大衆政治のディレンマ

しかし他方、ヴィルヘルムが「国民皇帝」たらんとしたことは、彼の悲劇の根元でもあった。「国民皇帝」とはすなわち、君主の権威に国民の支持という裏づけを与えようとする試みといえる。だが、国民大衆の支持なるものは両刃《もろは》の剣《つるぎ》であった。彼らに支持を求めることは、彼らを政治の表舞台に連れ出すことだからである。

それまで、政治は上層階級の専有するところであり、大衆はいわば客席に座っていたにすぎなかった。ところがいまや、彼らは「国民」として、国家の運営に関与するよう求められる。彼らの関与が大きくなればなるほど、政府や諸政党は自らの正当化にいよいよ「国民」

を引き合いに出す必要に迫られる。こうして、大衆政治が成立する。

しかし、大衆政治にはディレンマがあった。舞台上に連れ出された当初は、大衆は示されたシナリオどおりに動くだろう。しかしやがては、彼らは自らの欲求を自覚し、独自の論理で動くようになる。こうなると、大衆はもはや既存体制の期待どおりにはならなくなる。だからといって、大衆の意思に完全に違背したり、無視したりするわけにはいかない。既存体制の側は、自らの正当化を「国民」に頼っているからである。場合によっては、「民意」に不承不承沿わなければならないことすらある。こうして既存体制は、いまでは大衆に逆に引きずられることになる。

ヴィルヘルムにも、このディレンマがつねにつきまとった。典型は外交の分野である。彼は「国民」に訴える際に、しばしば威勢のよい排外主義的な言辞を用いた。また、建艦政策や第二次モロッコ危機などは、政府当局が自ら広報活動に乗り出し、あるいは右翼団体を積極的に後援して対外強硬論をあおった。「民意」を背景にすれば、政府の主張に対外的にも重みが加わるからである。

ヴィルヘルムには、大衆は自分の思いのままに動くもの、との思いこみがあった。しかしそれが完全に見こみ違いであったことを、彼は思い知らされる。とくに帝政末期、外交政策の個々の局面で、皇帝やその政府が譲歩的な姿勢を示すと、ナショナリズムに沸騰した「国民」はその弱腰ぶりにごうごうたる非難を浴びせた。それが政府の外交政策に影響していったのは先に述べたとおりである。

「国民皇帝」の時代錯誤

「国民皇帝」たらんとする試みには、もう一つ別のディレンマがあった。ヴィルヘルムはかつてビスマルクを解任した後、「朕は、朕自らの宰相になる」と、治世への抱負を述べたことがある。実際彼は、お飾りでない、実権をもった統治者として政治に関わろうとした。外交や軍事では、国家の大方針を自ら定めようとしたし、末端のこまごました政策決定にも口をはさんだ。また、当時のヨーロッパの君主の間では珍しいことであったが、そのときどきの時事的な問題に積極的に発言を行った。

自分の考えるとおりの政治を実現したいという、いかにも彼らしい統治スタイルである。しかし、具体的な言動をするなら、当然その結果にも責任が生じる。これを彼は理解しなかった。もともと、万人に等しく歓迎される政策などありえない。しかも、近代化とともに社会と経済が個別利害へと分化していく時代である。どんな政策決定にも、賛否両論が噴出するのは必定であった。

とくにその政策が多数の反発を買う場合には、「失政」の烙印を押され、責任を問う声はごうごうたるものになる。これが通例の立憲君主制であれば、世論の攻撃は政府に集中し、君主に累はおよばない。しかし、「個人統治」をめざしたヴィルヘルムの場合、そうはいかなかった。内閣という防壁がない分、君主が直接攻撃の矢面に立たされることになる。実際、ヴィルヘルムほど、世論の批判にさらされた君主も珍しい。デイリーテレグラフ事件のように言論界全体が沸騰したことも一再でない。諷刺雑誌は皇帝を戯画のモチーフに頻繁に取りあげた。

ヴィルヘルムはその都度、いわれない誹謗だとしておおいに憤った。ただ、原因はたいていの場合、彼自らの不用意な言動だったから、わが蒔いた種である。しかも根本的に言えば、これは先述の意味で、「国民皇帝」の代価であった。ヴィルヘルムはかつて、叔父のバーティ（エドワード7世）らのイギリス王室が、議会と政府に実権を奪われた、傀儡《かいらい》のごとき存在になっていると嘲《あざけ》ったことがある。しかし実は、「君臨すれども統治せず」の原則こそ、君主制が近代社会のなかで生き延びる知恵であった。これにヴィルヘルムは結局思いいたらなかった。

彼の悲劇（あるいは、喜劇と言ってもよいかもしれない）は、このディレンマに対処するのに、絶対君主という大時代的な理念しか持ちあわせなかったことである。神聖至高で、強大な権限をもつ君主が臣民をいつくしめば、君臣和合が実現するというわけである。治世当初にヴィルヘルムが関心を注いだ労働者社会政策には、この家父長的な姿勢が顕著にうかがえる。

しかし、超越的な権威と日常的な権力は相伴うものではない。まして、大衆政治の時代に政治的自覚をもちはじめた「国民」が、君主との封建的な絆で宥《なだ》められるはずもなかった。そう考えるなら、彼が追求した「国民皇帝」ははじめから自己撞着《どうちゃく》であったといえよう。

ヴィルヘルムは終生、自らの時代錯誤を理解することがなかった。最晩年、帝政復活を夢みる彼が、ナチスに期待をかけ、しかしついには見放されたことは、この点きわめて示唆的である。時代のダイナミズムを呼びだそうとしたヴィルヘルムは、やがて逆にそれに引きずられ、そしてついにはうち捨てられたのである。ここにヴィルヘルムの悲劇があった。

ヴィルヘルムのある評伝は、副題に「時代のはざまに生きた君主」と添えている。実際、彼の八十有余年の生涯の間に、ドイツはめざましい変貌をとげた。小国の割拠分立から統一国民国家へ、牧歌的な農業国からダイナミックな工業国へ、古典的なブルジョワ社会から現代風の大衆社会へ、という変貌である。このように猛然たるスピードで変化する時代を、ヴィルヘルムはわが身でもって経験した。

社会は加速度的に変化する。だが、そのなかに生きる人間はそうは変わらない。こうして時代と個人の間に架橋しがたいズレが生まれる。あるいは、変貌する時代に適応しようと努めるなら、個人の内部に種々の緊張や撞着が生まれる。

ヴィルヘルム2世は諸々《もろもろ》の矛盾に満ちた複雑な人間であった。これらの矛盾はむろん、まずは彼個人の人格に根ざしたものではある。だが他方で、この複雑さは一九世紀半ば以降のドイツの歴史的な変貌を反映したものであり、あるいはそれに強められたものでもあった。その意味では、ヴィルヘルム2世の人生は、近現代ドイツ史の一つの縮図だったのである。

あとがき

ヴィルヘルム2世との付き合いはけっこう長い。振りかえれば、学生時代、筆者が学部の卒論で選んだテーマが帝政ドイツの艦隊政策であった。それで、彼の伝記を二、三読んだ。その後、研究関心が他の領域に移ったので、付き合いは間遠になった。それでも、まずは四〇年来の「旧友」ということにはなろう。今回、本書によって久闊《きゅうかつ》を叙す機会が得られたのはうれしいかぎりである。

もっとも、生身のヴィルヘルム2世は、本書で明らかにしたように、あまりお付き合いしたくなる人物ではない。傲慢で独善的、癇性《かんしょう》で衝動的、自信過剰で自己顕示欲が強烈とくれば、これはどう見ても敬して遠ざけるのが賢明、という相手である。ただ、付き合いが四〇年ともなると、単なる好き嫌いでは割りきれない、一種のなじみがある。性格面の欠点はそれとして、相手をあるがままに受けとめたいというふうな感覚である。

ヴィルヘルム2世は、一九世紀半ば以降の激動多難の時代を生きた。もっとも、彼個人は、同時代人のなかでは、どう見ても幸福な生涯を送った部類といえる。ヴィルヘルムは結局、殺戮《さつりく》、迫害、流亡、飢餓など、当時の多くの人びとが遭遇した苦難には見舞われずにすんだ。それでも、栄華をきわめた前半生の後、急転して敗戦、退位、亡命を経験するなど、彼もまた大きな変転を味わった一人である。筆者としては、ヴィルヘルム2世という人物を歴史の流れに抗《あらが》いつつもついには流されていった一人の人間として、そのまま肯定したいような気分でいる。ちょうど今年は、第一次世界大戦終結一〇〇年、彼の人生を顧みるには好機といえる。

いつのころからか、一度は評伝を書いてみたいと思うようになった。歴史は構造とか力学だという見方を否定するつもりはないが、それとは別に、人間の織りなすドラマとしての側面に惹《ひ》かれるようになったからである。あるいは筆者の個人的な関心かもしれない。人がそれぞれ、どんなふうにおのれの人生に折り合いをつけてきたのかということに、心が向く年ごろになったということか。いずれにしても、本書で素志を果たすことができ、大いに喜んでいる。この機会を与えてくださった中央公論新社の白戸直人氏と吉田亮子氏には深く感謝する次第である。

本書の執筆中に、事情があって大学を離れることになった。今の職場は歴史研究が本務ではないため、執筆は余暇の時間に限られた。ただ、転職の前に本書の準備は基本的に済ませていたので、さほど障害なく作業を進めることができたのは幸いであった。

執筆にあたっては種々の文献を参考にしたが、本書は一般読者向けということで、参考文献は巻末に一括して挙げるにとどめた。諒《りょう》とされたい。

二〇一八年春

玉川上水のほとりにて　筆者

トラーへ』山田義顕訳，平凡社
星乃治彦，2006，『男たちの帝国——ヴィルヘルム2世からナチスへ』岩波書店
K・E・ボルン，1973，『ビスマルク後の国家と社会政策』鎌田武治訳，法政大学出版局
武者小路公共，1915，「独逸国民性の長所と短所」『中央公論』30-（9）
保田孝一，2009（1985），『最後のロシア皇帝ニコライ二世の日記』講談社学術文庫
義井博，1976，『カイザー——ドイツの世界政策と第一次世界大戦』清水書院
吉野作造，1916，『現代の政治　第二』実業之日本社

Spitzemberg, Hildegard Freifrau Hugo, 1965, *Am Hof der Hohenzollern: Aus dem Tagebuch der Baronin Spitzemberg*, ed. by Rudolf Vierhaus, 1865-1914, München: dtv

Stibbe, Matthew, 2003, "Germany's 'last card': Wilhelm II and the decision in favour of unrestricted submarine warfare in January 1917," in Mombauer/Deist, eds., *The Kaiser*, pp. 217-34

Strandmann, Hartmut Pogge von, 2003, "Rathenau, Wilhelm II, and the perception of *Wilhelminismus*," in Mombauer/Deist, eds., *The Kaiser*, pp. 259-80

姉崎嘲風，1993（1951），『わが生涯』大空社

飯田洋介，2015，『ビスマルク——ドイツ帝国を築いた政治外交術』中公新書

飯田芳弘，1999，『指導者なきドイツ帝国——ヴィルヘルム期ライヒ政治の変容と隘路』東京大学出版会

M・ヴェーバー，1982，『政治論集』中村貞二他訳，全2巻，みすず書房

H・A・ヴィンクラー，2008，『自由と統一への長い道』後藤俊明他訳，全2巻，昭和堂

L・ガル，1988，『ビスマルク——白色革命家』大内宏一訳，創文社

君塚直隆，2007，『ヴィクトリア女王——大英帝国の"戦う女王"』中公新書

君塚直隆，2012，『ベル・エポックの国際政治——エドワード七世と古典外交の時代』中央公論新社

木村靖二，2014，『第一次世界大戦』ちくま新書

C・クラーク，2017，『夢遊病者たち——第一次世界大戦はいかにして始まったか』小原淳訳，全2巻，みすず書房

高坂正堯，2012（1978），『古典外交の成熟と崩壊』（Ⅰ・Ⅱ）中央公論新社

J・ジョル，2017，『第一次世界大戦の起原』（改訂新版）池田清訳，みすず書房

J・スタインバーグ，2013，『ビスマルク』小原淳訳，上下巻，白水社

S・ハフナー，1989，『ドイツ帝国の興亡——ビスマルクからヒ

Wilhelm II and the Treaty of Björkö," in Mombauer/Deist, eds., *The Kaiser*, pp. 119-42
Mommsen, Wolfgang J., 2002, *War der Kaiser an allem schuld?: Wilhelm II. und die preußisch-deutschen Machteliten*, München: Propyläen
——, 2004, „Wilhelm II. als König von Preußen und deutscher Kaiser," in idem, *Der Erste Weltkrieg: Anfang vom Ende des bürgerlichen Zeitalters*, Frankfurt a.M.: Fischer, pp. 61-78
Nipperdey, Thomas, 2013 (1990), *Detusche Geschichte*, 2 Bde., München: C.H. Beck
——, 2013 (1968), „Nationalidee und Nationaldenkmal in Deutschland im 19. Jahrhundert," in idem, *Kann Geschichte Objektiv sein?*, München: C.H. Beck, pp. 105-60
Preußen, Hermine Prizessin von, 2008, *Der Kaiser und ich: Mein Leben mit Kaiser Wilhelm II. im Exil*, Kindle ed. (Göttingen: MatrixMedia)
Retallack, James, 1996, *Germany in the age of Kaiser Wilhelm II*, Basingstoke: Macmillan
Röhl, John C. G., 1970, *From Bismarck to Hitler: The Problem of Continuity in German History*, London: Longman
——, 2008, „Kaiser spricht," ZEIT, 15 October 2008
——, 2013, *Wilhelm II.*, München: C.H. Beck
——, 2014, *Into the Abyss of War and Exile, 1900-1941*, Kindle ed. (Cambridge: Cambridge University Press)
Schöllgen, Gregor, 1992, *Die Macht in der Mitte Europas: Stationen deutscher Außenpolitik von Friedrich dem Großen bis zur Gegenwart*, München: C.H. Beck
——, 2013, *Deutsche Außenpolitik: Von 1815 bis 1945*, München: C.H. Beck
Seligmann, Matthew S./Roderick R. McLean, 2000, *Germany from Reich to Republic, 1871-1918: Politics, Hierarchy and Elites*, Houndmills: MacMillan
Sösemann, Bernd, 2003, „Hollow-sounding jubilees: forms and effects of public self-display in Wilhelmine Germany," in Mombauer/Deist, eds., *The Kaiser:*, pp. 37-62

Stimmungsberichte der Hamburger Politischen Polizei 1892-1914, Reineck: Rowohlt

Fischer, Thomas/Rainer Winz, eds., 1998, *100 Deutsche Jahre,* München: Chronik

Giloi, Eva, 2011, *Monarchy, Myth, and Material Culture in Germany 1750-1950,* Cambridge: Cambridge University Press

Grützner, Günter/Manfred Ohlsen, n.d., *Schloß Cecelienhof und das Kronprinzenpaar,* Berlin: Museums- und Galerie-Verlag

Hartau, Friedrich, 1978, *Wilhelm II.*, Reinbek: Rowohlt

Herre, Franz, 1993, *Kaiser Wilhelm II: Monarch zwischen den Zeiten*, Köln: Kiepenhauer & Witsch

Howard, Michael, 2002, *The First World War. A Very Short Introduction*, Oxford: Oxford University Press

Hull, Isabel V., 1982, *The Entourage of Kaiser Wilhelm II, 1888-1918*, Cambridge: Cambridge University Press

Kiste, John van der, 1999, *Kaiser Wilhelm II: Germany's Last Emperor*, Kindle ed.（Stroud: Sutton）

——, 2015, *Prince Henry of Prussia* 1862-1929, Kindle ed.（South Brent: A&F）

Kohlrausch, Martin, 2005, *Der Monarch in Skandal: Die Logik der Massenmedien und die Transformation der wilhelminischen Monarchie*, Berlin: Akademie

Kohut, Thomas A., 1991, *Wilhelm II and the Germans: A Study in Leadership*, Oxford: Oxford University Press

Kolb, Eberhard, 2009, *Bismarck*, München: C.H. Beck

Der „Kriegsrat"（Dezember 1912）, *Deutsche Geschichte in Dokumenten und Bildern*, http://germanhistorydocs.ghi-dc.org/sub_document.cfm?document_id=799 （2017年12月26日取得）

Kroll, Frank-Lothar, 2000, „Wilhelm II.（1888-1918）, " in Kroll, ed., *Preußens Herrscher*, pp. 290-310

Lerman, Katharine A., 2003, "The Kaiser's elite? Wilhelm II and the Berlin administration, 1890-1914," in Mombauer/Deist, eds., *The Kaiser*, pp. 63-90

McLean, Roderick R., 2003, "Dreams of a German Europe:

参考文献

Alfred von Kiderlen-Wächter über seine außen politischen Ziele (1911), *Deutsche Geschichte in Dokumenten und Bildern*, http://germanhistorydocs.ghi-dc.org/sub_document.cfm?document_id=780 (2017年12月26日取得)

Angelow, Jürgen, 2000, „Wilhelm I. (1861-1888), " in Frank-Lothar Kroll, ed., *Preußens Herrscher: Von den ersten Hohenzollern bis Wilhelm II.*, München: C.H. Beck, pp. 242-64

Balfour, Michael, 1975, *The Kaiser and His Times*, Harmondsworth: Pelican

Bernhardi, Friedrich v., (1911), *Germany and the Next War*, Kindle ed.

Bismarck, Otto v., 1981 (1898-1921), *Gedanken und Erinnerungen*, München: Goldmann

Blessing, Werner K., 1978, „The Cult of Monarchy, Political Loyalty and the Workers' Movement in Imperial Germany," *Journal of Contemporary History* 13, pp. 357-75

Bülow, Bernhard v., 1930-31, *Denkwürdigkeiten*, 4 Bde., Berlin: Ullstein

Cecil, Lamar, 1989, *Prince and Emperor, 1859-1900,* Chapel Hill, NC: University of North Carolina Press

——, 1996, *Emperor and Exile, 1900-1941,* Kindle ed. (University of North Carolina Press)

Clark, Christopher, 2007, *Iron Kingdom: The Rise and Downfall of Prussia 1600-1947,* London: Penguin

——, 2009, *Kaiser Wilhelm II: A Life in Power,* Kindle ed. (London: Penguin)

Epkenhans, Michael, 2003, "Wilhelm II and , 'his' navy, 1888-1918," in Annika Mombauer/Wilhelm Deist, eds., *The Kaiser: New research on Wilhelm II's role in Imperial Germany,* Cambridge: Cambridge University Press, pp. 12-36

Evens, Richard J. ed., 1989, *Kneipengespräche im Kaiserreich: Die*

竹中 亨（たけなか・とおる）

1955年大阪府生まれ．京都大学大学院文学研究科博士前期課程修了．東海大学文学部助教授，大阪大学大学院文学研究科教授などを経て，現在は大学改革支援・学位授与機構教授．博士（文学），大阪大学名誉教授．専門はドイツ近現代史，日独文化移転史．

著書『明治のワーグナー・ブーム——近代日本の音楽移転』（中央公論新社，2016年）
『帰依する世紀末——ドイツ近代の原理主義者群像』（ミネルヴァ書房，2004年）
『近代ドイツにおける復古と改革——第二帝政期の農民運動と反近代主義』（晃洋書房，1996年）
『ジーメンスと明治日本』（東海大学出版会，1991年）
ほか

ヴィルヘルム2世《せい》
中公新書 *2490*

2018年5月25日発行

著者 竹中 亨
発行者 大橋善光

本文印刷 三晃印刷
カバー印刷 大熊整美堂
製本 小泉製本

発行所 中央公論新社
〒100-8152
東京都千代田区大手町1-7-1
電話 販売 03-5299-1730
編集 03-5299-1830
URL http://www.chuko.co.jp/

Published by CHUOKORON-SHINSHA, INC.
Printed in Japan ISBN978-4-12-102490-9 C1222

中公新書刊行のことば

いまからちょうど五世紀まえ、グーテンベルクが近代印刷術を発明したとき、書物の大量生産は潜在的可能性を獲得し、いまからちょうど一世紀まえ、世界のおもな文明国で義務教育制度が採用されたとき、書物の大量需要の潜在性が形成された。この二つの潜在性がはげしく現実化したのが現代である。

いまや、書物によって視野を拡大し、変りゆく世界に豊かに対応しようとする強い要求を私たちは抑えることができない。この要求にこたえる義務を、今日の書物は背負っている。だが、その義務は、たんに専門的知識の通俗化をはかることによって果たされるものでもなく、通俗的好奇心にうったえて、いたずらに発行部数の巨大さを誇ることによって果たされるものでもない。現代を真摯に生きようとする読者に、真に知るに価いする知識だけを選びだして提供すること、これが中公新書の最大の目標である。

私たちは、知識として錯覚しているものによってしばしば動かされ、裏切られる。私たちは、作為によってあたえられた知識のうえに生きることがあまりに多く、ゆるぎない事実を通して思索することがあまりにすくない。中公新書が、その一貫した特色として自らに課すものは、この事実のみの持つ無条件の説得力を発揮させることである。現代にあらたな意味を投げかけるべく待機している過去の歴史的事実もまた、中公新書によって数多く発掘されるであろう。

中公新書は、現代を自らの眼で見つめようとする、逞しい知的な読者の活力となることを欲している。

一九六二年一一月

宗教・倫理

中公新書

世界史

1353	物語 中国の歴史	寺田隆信
2392	中国の論理	岡本隆司
2303	殷―中国史最古の王朝	落合淳思
2396	周―理想化された古代王朝	佐藤信弥
2001	孟嘗君と戦国時代	宮城谷昌光
12	史記	貝塚茂樹
2099	三国志	渡邉義浩
7	宦《かん》官《がん》(改版)	三田村泰助
15	科《か》挙《きょ》	宮崎市定
1812	西《せい》太《たい》后《こう》	加藤徹
166	中国列女伝	村松暎
2030	上海	榎本泰子
1144	台湾	伊藤潔
925	物語 韓国史	金両基
1367	物語 フィリピンの歴史	鈴木静夫
1372	物語 ヴェトナムの歴史	小倉貞男
2208	物語 シンガポールの歴史	岩崎育夫
1913	物語 タイの歴史	柿崎一郎
2249	物語 ビルマの歴史	根本敬
1551	海の帝国	白石隆
1866	シーア派	桜井啓子
1858	中東イスラーム民族史	宮田律
2323	文明の誕生	小林登志子
1818	シュメル―人類最古の文明	小林登志子
1977	シュメル神話の世界	岡田明子 小林登志子
1594	物語 中東の歴史	牟田口義郎
1931	物語 イスラエルの歴史	高橋正男
2067	物語 エルサレムの歴史	笈川博一
2205	聖書考古学	長谷川修一

中公新書

現代史

f3

- 27 ワイマル共和国 林 健太郎
- 478 アドルフ・ヒトラー 村瀬興雄
- 2272 ヒトラー演説 高田博行
- 1943 ホロコースト 芝 健介
- 2349 ヒトラーに抵抗した人々 對馬達雄
- 2448 闘う文豪とナチス・ドイツ 池内 紀
- 2329 ナチスの戦争 1918-1949 R・ベッセル 大山 晶訳
- 2313 ニュルンベルク裁判 A・ヴァインケ 板橋拓己訳
- 2266 アデナウアー 板橋拓己
- 2274 スターリン 横手慎二
- 530 チャーチル(増補版) 河合秀和
- 1415 フランス現代史 渡邊啓貴
- 2356 イタリア現代史 伊藤 武
- 2221 バチカン近現代史 松本佐保
- 2437 中国ナショナリズム 小野寺史郎

- 1959 韓国現代史 木村 幹
- 2262 先進国・韓国の憂鬱 大西 裕
- 2324 李光洙《イグァンス》―韓国近代文学の祖と「親日」の烙印 波田野節子
- 1763 アジア冷戦史 下斗米伸夫
- 1876 インドネシア 水本達也
- 2143 経済大国インドネシア 佐藤百合
- 1596 ベトナム戦争 松岡 完
- 1664 1665 アメリカの20世紀(上下) 有賀夏紀
- 1920 ケネディ―「神話」と実像 土田 宏
- 2140 レーガン 村田晃嗣
- 2383 ビル・クリントン 西川 賢
- 1863 性と暴力のアメリカ 鈴木 透
- 2479 スポーツ国家アメリカ 鈴木 透
- 2381 ユダヤとアメリカ 立山良司
- 2236 エジプト革命 鈴木恵美
- 2415 トルコ現代史 今井宏平
- 2330 チェ・ゲバラ 伊高浩昭

- 2163 人種とスポーツ 川島浩平

中公新書

地域・文化・紀行

t1

中公新書

地域・文化・紀行

t 2

560 文化人類学入門（増補改訂版） 祖父江孝男
741 文化人類学15の理論 綾部恒雄編
2315 南方熊楠《みなかたくまぐす》 唐澤太輔
2367 食の人類史 佐藤洋一郎
92 肉食の思想 鯖田豊之
2129 カラー版 地図と愉しむ東京歴史散歩 竹内正浩
2170 カラー版 地図と愉しむ東京歴史散歩 都心の謎篇 竹内正浩
2227 カラー版 地図と愉しむ東京歴史散歩 地形篇 竹内正浩
2346 カラー版 地図と愉しむ東京歴史散歩 お屋敷のすべて篇 竹内正浩
2403 カラー版 地図と愉しむ東京歴史散歩 地下の秘密篇 竹内正浩
2335 カラー版 東京鉄道遺産100選 内田宗治
2012 カラー版 マチュピチュ―天空の聖殿 高野　潤
2327 カラー版 イースター島を行く―モアイの謎と未踏の聖地 野村哲也
2092 カラー版 パタゴニアを行く 野村哲也
2182 カラー版 世界の四大花園を行く―砂漠が生み出す奇跡 野村哲也
2444 カラー版 最後の辺境―極北の森林、アフリカの氷河 水越　武
1869 カラー版 将棋駒の世界 増山雅人
2117 物語 食の文化 北岡正三郎
596 茶の世界史（改版） 角山　栄
1930 ジャガイモの世界史 伊藤章治
2088 チョコレートの世界史 武田尚子
2438 ミルクと日本人 武田尚子
2361 トウガラシの世界史 山本紀夫
2229 真珠の世界史 山田篤美
1095 コーヒーが廻り世界史が廻る 臼井隆一郎
1974 毒と薬の世界史 船山信次
2391 競馬の世界史 本村凌二
650 風景学入門 中村良夫
2344 水中考古学 井上たかひこ